Do's ✓
& Don'ts
IN BUSINESS

व्यापार में क्या करें
और
क्या ना करें ?

कमलेश सोलंकी

BlueRose
Publishers
NewDelhi • London

First Published in February 2022

ISBN: 978-93-5611-158-5

BLUEROSE PUBLISHERS
www.bluerosepublishers.com
info@bluerosepublishers.com
+91 8882 898 898

Cover Design:
Kamlesh Solanki

Typographic Design:
Ilma Mirza

Distributed by: BlueRose, Amazon, Flipkart

लेखन के संदर्भ में एक अच्छी बात यह है कि
यहां किसी की किसी के साथ कोई प्रतियोगिता
नहीं होती,
यदि किसी प्रकार की कोई अपेक्षा होती भी है तो
वह लेखक की स्वयं की प्रतिभा से न्याय करने की
होती है।

यह पुस्तक उन लोगों के लिए उपयोगी है जो...

- ✓ व्यापार में सफल होने के महत्वपूर्ण नियमों को समझना चाहते हैं।
- ✓ बिना लागत या कम लागत में व्यापार शुरू करना चाहते हैं।
- ✓ व्यापारिक और व्यावहारिक समस्या में अंतर समझना चाहते हैं।
- ✓ आमतौर पर व्यापार में होने वाली गलतियों से बचना चाहते हैं।
- ✓ मुनाफा, कमाई और बचत के नियम को समझना चाहते हैं।
- ✓ व्यापार में बेहतर निर्णय कैसे लें यह जानना चाहते हैं।
- ✓ सफल और असफल लोगों की आदतों में फर्क समझना चाहते हैं।
- ✓ व्यापार में कौन-कौन सी बाधाएं या चुनौतियां आएंगी यह जानना चाहते हैं।
- ✓ काम की दिशा, अनुशासन और निरंतरता के महत्व को समझना चाहते हैं।
- ✓ चतुराई और चालाकी में अंतर व प्रयोग की भ्रांति दूर करना चाहते हैं।
- ✓ ग्राहकों और कर्मचारियों से संबंधित व्यवहार और नियमों को समझना चाहते हैं।
- ✓ जीवन में पैसे, एनर्जी व समय का सही इस्तेमाल सीखना चाहते हैं।
- ✓ कर्मचारियों से अधिकतम प्रोडक्टिविटी लेना चाहते हैं।
- ✓ व्यापार में विनम्रता, मुस्कुराहट और ईमानदारी के महत्त्व को समझना चाहते हैं।
- ✓ कर्मचारियों में लीडरशिप व ओनरशिप विकसित करना चाहते हैं।

यह पुस्तक समर्पित है...

मेरी स्वर्गीय माँ **'श्रीमती तारा सोलंकी'** (मम्मी जी) को, जो मुझसे अक्सर कहती थी कि तुम अपने अनुभव को लोगों तक पहुँचाओ ।

मेरे पिता **'श्री मारोतीराव सोलंकी'** (पापा जी) को, जिन्होंने स्वयं को सीमित संसाधनों में रखा ताकि मैं पढ़ लिख कर सफल इंसान बन सकूं ।

मेरी जीवनसंगिनी **'श्रीमती श्रद्धा सोलंकी'** को, जिन्होंने मुझे प्रोत्साहित किया कि मैं अपनी लेखन शैली और व्यापारिक ज्ञान से लोगों की मदद करूँ ।

मेरे मित्र **'डॉ. गौरव अरोरा'** को, जिनके मार्गदर्शन से मैं आज व्यापार करते हुए इस काबिल बन सका कि यह पुस्तक लिख पाया ।

एवं समस्त **'साथियों और शुभचिंतकों'** को, जिन्होंने यहां तक पहुँचने की यात्रा में मेरा साथ दिया...✍

आप सभी का हृदय से आभार

लेखक :- कमलेश सोलंकी

पंद्रह वर्षों में सात अलग-अलग कंपनियों में काम करने के बाद जब मैंने व्यापार करने का निर्णय लिया तब मेरे सामने दो चुनौतियां थी । पहली यह कि व्यापारिक पृष्ठभूमि ना होने के कारण मेरे डीएनए में व्यापार के गुण नहीं थे और दूसरी यह कि मेरे परिवार या रिश्तेदारों में किसी ने भी व्यापार नहीं किया था, या तो वे **"कृषि करते थे या नौकरी"** इसलिए मैंने किसी को करीब से व्यापार करते हुए भी नहीं देखा था ।

जैसा कि हम सभी जानते हैं, **"व्यापारी और कर्मचारी की सोच नदी के दो किनारों जैसी होती है, जो साथ चलते हुए भी आपस में कभी नहीं मिलते"।** याने अभी तक मैं कर्मचारी था और अब मुझे व्यापारी बनना था जिसमें स्वयं को पूरी तरह से बदलना था जो अपने आप में बेहद लंबी व थका देने वाली प्रक्रिया थी ।

लेकिन अच्छी बात यह थी कि मुझमें **"इच्छा शक्ति"** का अभाव नहीं था और **"मेहनती, दृढ़-संकल्पी व धैर्यशील"** तो मैं बचपन से ही था और अब मैं यह सीखना चाहता था, **कि आखिर व्यापार करते कैसे हैं ?** चूँकि किसी भी खेल को जीतने के लिए उस खेल के सभी नियम मालूम होने चाहिए, अतः मैं किसी ऐसे व्यक्ति को खोजने लगा जो मुझे **"व्यापार में क्या करें और क्या ना करें"** यह सिखा सके, लेकिन अथक प्रयास के बावजूद मेरी तलाश अधूरी ही रही ।

इसी खोज में मैंने व्यापार से संबंधित दर्जनों किताबे पढ़ीं जिनसे मुझे काफी जानकारियां तो मिली, परंतु बुनियादी समस्या **"कि आखिर व्यापार करते कैसे हैं"** का समाधान नहीं मिल पाया ।

अंततः अपनी मेहनत और लगन से स्वयं के व्यापार से जो कुछ भी मैंने सीखा है, वह इस पुस्तक के माध्यम से आप तक पहुँचाने की कोशिश की है ।
मुझे पूर्ण विश्वास है कि यह पुस्तक सफल बिज़नेसमैन बनने की यात्रा में अवश्य ही आपकी सहायता करेगी ।

लेखक :- कमलेश सोलंकी

इस पुस्तक को लिखने का ध्येय केवल व्यापारी वर्ग या उद्योग जगत के लोगों को सफल बिजनेसमैन बनने का संदेश देना नहीं है, बल्कि वकील, डॉक्टर, इंजीनियर, नौकरीपेशा या सामान्य लोग जो भविष्य में व्यापार करने की इच्छा रखते हैं उन्हें विश्वास दिलाना है कि वे भी सफल बिजनेसमैन बन सकते हैं।

इस पुस्तक में लंबे व्यापारिक अनुभव से उपजे सूत्रों को संकलित किया गया है, यदि आप इन सूत्रों को अपनाने के साथ ही जीवन में कुछ बदलाव करने के लिए तैयार हैं तो आप यकीनन सफल होंगे।

अतः आज ही अपनी असफलताओं के सांचे को तोड़िए और इस पुस्तक को शुभचिंतक के रूप में अपने साथ रखकर पढ़ना शुरू कीजिए। निश्चित रूप से यह पुस्तक आपके जीवन को सफल, सुखद और उज्ज्वल बनाने के मार्ग में सहायक होगी।

सह लेखिका की कलम से...

नेहा शुक्ला

विषय-सूची

सभी की यात्राएं अलग है इसलिए सभी का नक्शा भी अलग बनेगा, दूसरों के नक्शे के सहारे यात्रा करने में भटकने का भय है

हम सभी की परवरिश, शिक्षा, रुचि और शौक अलग-अलग है । यहां तक कि रंग, रूप, रीति-रिवाज, परंपराएं, आदतें, खान-पान, रहन-सहन व सपने भी भिन्न है । यही कारण है कि हर किसी के लिए सफलता की परिभाषा अलग है । कुछ लोगों के लिए यह मन की अवस्था है तो कुछ के लिए भौतिक सुख, कुछ लोगों के लिए विशेष पद हासिल करना तो कुछ के लिए समाज में नाम व शोहरत पाना । याने सफलता कभी पूर्ण नहीं होती बल्कि सापेक्ष होती है ।

यदि गंभीरता से सोचा जाए तो **"शुरुआत सबकी अलग है, मंजिल भी सबकी अलग है, इसलिए कोई एक नियम सभी के लिए काम नहीं करेगा"** । अतः आप भी अपने अनुभव, कौशल, रुचि एवं शिक्षा के अनुसार अपनी मंज़िल की रूपरेखा बनाएं और यदि आपने आने वाले दस सालों की योजना बनाई है तो सबसे पहले उन योजनाओं को साल, महीनों, हफ्तों एवं दिनों में बाँट लीजिए और उसी योजना के अनुरूप कार्य करें ।

अक्सर लोग सिर्फ किसी से प्रेरित होकर उन्हें अपना रोल मॉडल मान लेते हैं और इस उम्मीद में उनके जैसे बनने की कोशिश करने लगते हैं कि एक दिन वे भी उनके रोल मॉडल की तरह ही प्रसिद्ध एवं सफल हो जाएंगे । क्योंकि **"किशोर कुमार की कॉपी करके आप किशोर कुमार कभी नहीं बन पाएंगे, लेकिन इसका मतलब यह नहीं है कि आप अच्छे गायक नहीं बन पाएंगे"** । अतः आप भी अपनी योग्यता, अनुभव और रुचि के अनुसार नक्शा बनाकर मंज़िल तक पहुँचने का रास्ता तय करें । यदि आप दूसरों के जैसे बनने की कोशिश करेंगे तो ना स्वयं की मौलिकता रह पाएगी और ना ही आप दूसरों जैसा बन पाएंगे, बल्कि आप भटक सकते हैं ।

क्यों से करें शुरुआत

अधिकतर लोग अपना कोई भी काम इसलिए नहीं कर पाते क्योंकि उन्हें यह समझ ही नहीं आता कि यह काम करते कैसे हैं ? अगर आप भी उनमें से एक हैं तो आपको सबसे पहले अपना **'क्यों'** स्पष्ट करना चाहिए । **"अगर आपका 'क्यों' स्पष्ट हो गया तो 'कैसे' अपने आप स्पष्ट हो जाएगा"**, उदाहरण के लिए किसी का पाँच साल का इकलौता बेटा बीमार है और उसे AB⁻ ब्लड लग रहा है जो कि लगभग दो सौ लोगों में से किसी एक का होता है, उस पर डॉक्टर ने कहा कि यदि चौबीस घंटो के अंदर इस ब्लड ग्रुप के दो यूनिट की व्यवस्था नहीं की गई तो हम आपके बेटे को नहीं बचा पाएंगे । अतः उनका **'क्यों'** एकदम स्पष्ट हो गया है तो अब वे इसके लिए सैकड़ों कॉल करेंगे, सोशल मीडिया **(फेसबुक, व्हाट्सएप व इंस्टाग्राम)** में लोगों से मदद मागेंगे, दर्जनों बार फॉलोअप करेंगे और बिना थके बिना रुके ब्लड की व्यवस्था करके अपने बेटे की जान बचा ही लेंगे ।

इसलिए व्यापार में भी सबसे पहले आपका **'क्यों'** स्पष्ट होना चाहिए, कि आखिर आप व्यापार **'क्यों'** करना चाहते हैं । जैसे कोई शोहरत के लिए तो कोई दौलत के लिए, कोई सपनों के लिए तो कोई स्वयं को कर्ज से बाहर निकालने के लिए व्यापार करना चाहता है ।

जिनके गोल्स (Goals) नहीं होते उनकी लाइफ गोल होती है

यदि आप ट्रेन से कहीं जाना चाहते हैं और रेलवे स्टेशन पर काउंटर से टिकिट मांगते हैं तो निश्चित रूप से काउंटर वाला आपसे पूछेगा कि कहां की टिकिट दूँ ? जवाब में आप कहते हैं कि कहीं की भी दे दीजिए... लेकिन वह आपको कहीं की भी टिकिट नहीं देगा और आप कहीं भी नहीं पहुँच पाएंगे ।

मतलब **"आप उस चीज पर निशाना कभी लगा ही नहीं सकते, जिसे आप देख नहीं सकते"**, याने सबसे पहले आपको आने वाले पाँच, दस या बीस सालों के गोल्स की लिस्ट तैयार करनी होगी, फिर उन्हें पूरा करने के लिए सही दिशा में पूरी ईमानदारी के साथ काम करना होगा।

जिसमें आपके गोल्स व्यापार बढ़ाने, पैसे कमाने, इन्वेस्टमेंट, प्रोडक्ट या सर्विस डिजाइन करने या फिर कर्मचारियों से संबंधित भी हो सकते हैं, बस आप उन्हें लिखकर अपनी नजरों के सामने रखें, ताकि उन गोल्स को आप एक पल के लिए भी ना भूल पाएं। क्योंकि **"बिना लिखित लक्ष्य का जीवन कोरी इच्छाओं जैसा होता है जो कभी पूरा नहीं होता"** और अगर किसी के गोल्स स्पष्ट नहीं है याने आप घोड़े को दरिया तक तो ला सकते हैं लेकिन उसे पानी नहीं पिला सकते।

सफलता की 'कीमत' असफलता की 'कीमत' से कम होती है

"सभी सफल लोगों की आदतें एक जैसी होती है उसी तरह सभी असफल लोगों की आदतें भी एक जैसी ही होती हैं"। अधिकांश लोग असफल हो जाने के डर से कोई नया काम नहीं करते, जबकि सफल होने के पहले कई बार असफलता का स्वाद भी चखना पड़ सकता है।

अब आप ही सोचिए कि असफलता की पीड़ा कितनी ज्यादा होती है, जैसे जीवन भर खाने-पीने का अभाव, रहने (स्वयं का घर ना होने) की समस्या, स्वयं और बच्चों की अधूरी शिक्षा, मान-सम्मान में कमी, जीवन भर स्वास्थ्य समस्याएं और हमेशा कमाते रहने की मजबूरी जैसी अनगिनत चीजों के लिए जीवन भर खून के घूँट पीना पड़ेगा। जिसमें हर दिन नई समस्याएं, चुनौतियां, कदम-कदम पर समझौता और परेशानियों से जूझती जिंदगी के साथ ही दैनिक जीवन निर्वाह में आने वाली हर छोटी बड़ी समस्याओं से आपकी मुठभेड़ होगी।

वहीं दूसरी तरफ सफल होने पर जो सुविधाएं, सुरक्षा, उज्जवल भविष्य, आनंद, खुशियां, दौलत और समाज में मान-सम्मान मिलेगा, जिसकी कीमत सिर्फ इतनी है कि **"आपको सही दिशा में अनुशासन और निरंतरता के साथ कुछ सालों तक कड़ी मेहनत कर के अपने व्यापार को सफल**

बनाना है" । अब आप ही सोचिए कि सफलता की कीमत अदा करना सही है या असफलता की पीड़ा सहना ।

सबसे पहले आपकी जंग कुदरत से होगी

जब भी आप कुछ नया, अलग या बेहतर करना शुरू करेंगे तो सबसे पहले आपकी जंग कुदरत से होगी । कुदरत आपकी राहों में रोड़े अटकायेगी, आपका रास्ता रोकेगी, परेशान करेगी, हर कदम पर आपका इम्तिहान भी लेगी । जिसमें दस में से नौ लोग थककर **"उस काम को सरकारी ठेकेदार जैसे बीच में ही छोड़ देंगे"** ।

लेकिन जो व्यक्ति कुदरत की जंग का सामना करेगा वो सफल हो जाएगा । क्योंकि कुदरत पहले आपकी हिम्मत, हौसला, मेहनत, लगन एवं काबिलियत को परखना चाहती है । मानो आपसे कहना चाह रही हो कि आपको दौलत, शोहरत और सफलता सब कुछ हासिल होगा, परंतु पहले यह साबित करना होगा कि आप इस काबिल है भी या नहीं । इंग्लिश में एक कहावत है कि **"The more you give, The more you receive"**, मतलब **"आप जितना ज्यादा देंगे, आपको उतना ज्यादा मिलेगा"** और फिर जिन्होंने कुदरत की परीक्षा पास कर ली तो फिर समझ लीजिए कि वे सफलता के रास्ते में बहुत तेजी से आगे बढ़ जाएंगे एवं स्वयं कुदरत भी उनकी मदद करेगी और जो कोई भी सफलता और आपके बीच में आएगा तो कुदरत स्वयं ही उसको बीच से उठाकर फेंक देगी ।

सिर्फ एक बार यदि आप कुदरत की परीक्षा में पास हो गए तो यही कुदरत आपके लिए सहायक हो जाती है ।

काम की दिशा सही ना हो तो कड़ी मेहनत भी काम नहीं आती

एक रेलवे स्टेशन पर एक हट्टा कट्टा नौजवान उतरा, उसने ऑटो वाले से पूछा कि सांई मंदिर जाने के कितने पैसे लगेंगे ? ऑटो वाले ने जवाब दिया

200 रू. । लड़के ने कहा कि तुम लोगों ने शहर में लूट मचा कर रखी है जबकि मंदिर बहुत नजदीक है और तुम 200 रू मांग रहे हो, यह कहते हुए सामान उठाकर वह पैदल ही चल पड़ा ।

लगभग सवा घंटे लगातार चलने के बाद पसीने से लथपथ वाली स्थिति में उसे वही ऑटो वाला दिखा तो उसने पूछा कि मंदिर जाने के अब कितने पैसे लगेंगे, क्योंकि अब तो मैंने आधे से ज्यादा रास्ता भी तय कर लिया है । ऑटो वाले ने इस बार उसे 400 रू कहा । इस पर लड़का जोर से चिल्लाया कि थोड़ी देर पहले तुम जिस जगह के 200 रु मांग रहे थे उसी जगह के अब 400 रु मांग रहे हो । याने दो गुना ज्यादा ! मतलब मैं सही था कि तुम लोगों ने वास्तव में लूट मचा कर रखी है । इस पर ऑटो वाले ने मुस्कुराकर कहा, **"महाशय जी पिछले सवा घंटे से आप मंदिर की विपरीत दिशा में चल रहें हैं"** ।

यह जग जाहिर है कि **"आप चाहे जितनी भी कड़ी मेहनत क्यों ना कर लें, दिशा सही ना होने पर मंजिल नहीं मिलती"** ।

जिंदगी कभी कुछ देती नहीं, बल्कि सूद (ब्याज) समेत लौटाती है

जिंदगी भर लोग कुछ ना कुछ मांगते ही रहते हैं, कभी सेहत, कभी दौलत, कभी मान-सम्मान या फिर कुछ और...लेकिन वे लोग एक बात भूल जाते हैं कि, **"जिंदगी आपको कुछ देती नहीं बल्कि जो कुछ भी आपने जिंदगी को पहले दिया था, वह हर एक चीज आपको सूद (ब्याज) समेत लौटाती है"** ।

प्रकृति का यह सिद्धांत भी लाजवाब है । क्या आपने कभी देखा है कि अमरुद के पेड़ पर केले उग गए, या गेहूं बोया था लेकिन ज्वार या मक्का उग गई, याने प्रकृति से कभी कोई गलती नहीं होती । अतः हमें भी इस सिद्धांत का पालन करना चाहिए और इसका फायदा भी लेना चाहिए ।

इसलिए सफलता के वृक्ष के लिए सफलता का बीज बोएं, उसकी निंदाई-गुड़ाई करें, उसे खाद पानी दें, जानवरों, तेज हवाओं एवं तूफान से बचाएं। तभी आप व्यक्तिगत और व्यवसायिक जीवन में उस सफलता रुपी वृक्ष के फल, फूल और छाया का आनंद उठा सकेंगे, "क्योंकि **मुसीबतें तो सभी पर आती है... कुछ बिखर जाते हैं और कुछ निखर जाते हैं"**। इसलिए आप भी उन चुनिंदा लोगों की तरह अपनी जिंदगी को निखारें एवं प्रकृति के इस अनमोल सिद्धांत को स्वीकार करें जिसमें अपनी तरफ से पहले जिंदगी को कुछ दें, बाद में जिंदगी से उम्मीद करें।

आपके शुभचिंतक ही आपका रास्ता रोकेंगे

व्यापार शुरु करने से पहले आपको ऐसे व्यापारियों से सलाह लेनी होगी जो उसी फील्ड से हैं और उन्हें व्यापार का अनुभव व ज्ञान हैं तभी आपको वास्तविक सलाह मिल पाएगी । क्योंकि यदि आप अपने दोस्तों, रिश्तेदारों पड़ोसियों या फिर परिवार वालों से सलाह लेंगे **यदि उन्होंने कभी उस व्यापार को नहीं किया है** तो वे आपको निश्चित रूप से मना ही करेंगे ।

वे आपके लिए कुछ इस तरह के वाक्यों का प्रयोग करते हुए मिल जाएंगे, जैसे...

- ✓ आप व्यापार के लिए नहीं बने हो ।
- ✓ अनुभव के बिना व्यापार कैसे होगा ।
- ✓ व्यापार के लिए पैसे कहां से आएंगे ।
- ✓ व्यापार करना कोई आसान काम नहीं है ।
- ✓ बेहतर होगा कि नौकरी ही करते रहो ।
- ✓ फायदे के बजाय नुकसान भी हो सकता है ।
- ✓ यह व्यापार बिल्कुल नहीं चल सकता ।

इसी तरह से वे आपसे दर्जनों बातें कहेंगे, क्योंकि वे नहीं कर पाए तो उन्हें लगता है कि आप भी नहीं कर पाएंगे । इससे मोरल सपोर्ट मिलने के बजाय जो जोश और उत्साह आपमें पहले से है... वे उसे भी तोड़ मरोड़ कर रख देंगे । आप ही सोचिये कि यदि **"महेंद्र सिंह धोनी दूसरों की सुनते, तो आज खड़गपुर रेलवे स्टेशन पर टिकट चेक कर रहे होते"**, अतः आप भी अपने दिल की आवाज सुनिए और लग जाएं अपने सपनो को साकार करने में ।

व्यापार में दोस्तों या रिश्तेदारों को पार्टनर या एम्प्लोयी बनाने से बचें

यदि आपने व्यापार में किसी दोस्त या रिश्तेदार को पार्टनर या एम्प्लोयी बना लिया तो रिश्तों का लिहाज करते हुए आप अपनी प्रतिक्रिया खुलकर नहीं दे पाएंगे एवं उन्हें स्पष्ट रूप से कुछ भी बोलने से पहले आपको सोचना पड़ेगा और हो सकता है कि सामने वाला इसका फायदा उठाता रहे । क्योंकि बहुधा देखा गया है कि संबंध ना बिगड़ जाए इस वजह से एक पक्ष कुछ बोल

नहीं पाता, जबकि दूसरा पक्ष उसी का फायदा लेते रहता है । परिणामस्वरुप आपको ना ही एक अच्छा एम्प्लोयी मिल पाता है और ना ही एक अच्छा पार्टनर । बल्कि अच्छे एम्प्लोयी और पार्टनर के चक्कर में दोस्त या रिश्तेदार से भी हमेशा के लिए संबंध बिगड़ जाते हैं । क्योंकि **"आज हम जहां भी हैं पहले लिए गए निर्णयों की वजह से हैं और कल हम जहां भी होंगे, वह भी आज लिए गए निर्णयों की वजह से ही होंगे"** ।

इसलिए यदि आपको पार्टनरशिप करना ही पड़े तो सोच समझकर पार्टनर को चुनें, जिसमें आप चाहें तो परिवार वालों को प्राथमिकता दे सकते है । कहने का आशय यह है कि कहीं आपके साथ भी ऐसा ना हो कि बाद में आप लोगों से कहते फिरें कि **"बहुत सी गलतियां हुई जिंदगी में, लेकिन जो गलतियां लोगों को पहचानने में हुई उसका दु:ख सबसे ज्यादा है"** ।

NOTE :- व्यापार में पार्टनरशिप के लिए यदि दोनों पार्टनर एक दूसरे के पूरक बन पाएं तो पार्टनरशिप सफल हो सकती है । जैसे कि दूसरा पार्टनर व्यापार के उन कार्यों में पारंगत हो जिसमें पहला पार्टनर अनभिज्ञ है और पहला पार्टनर ऐसे कार्यों को अंजाम देने में अनुभवी व योग्य हो जिसमें दूसरा बिल्कुल अनजान है । साथ ही दोनों पार्टनर **'मैं'** कि जगह **'हम'** को महत्त्व दें ।

व्यापार में किसी को छोटा या बड़ा मत समझिए

अक्सर लोग अपने से छोटे प्रतिस्पर्धियों की तरफ ध्यान ही नहीं देते हैं क्योंकि उन्हें लगता है कि यह पिद्दा सा आदमी या इतनी छोटी कंपनी मुझे क्या प्रतिस्पर्धा देगी । क्योंकि आपकी नजरों में आप एक विशाल बरगद का पेड़ बन चुके हैं और उस छोटी कंपनी के बारे में आप यह सोचते हैं कि, यह **"गमले का पौधा मुझ जैसे विशाल, मजबूत और भीमकाय वृक्ष को क्या टक्कर देगा"** लेकिन वही गमले का छोटा पौधा एक दिन वृक्ष बनकर आप पर भारी पड़ता है ।

उसी तरह आप जब बड़ी कंपनियों (जो टर्नओवर/प्रोडक्ट/मार्केट शेयर/ब्रांड/कर्मचारियों व ग्राहकों की संख्या में बड़ी हैं) के बारे में

सोचते हैं तो आपको लगता है कि ये बहुत बड़ी-बड़ी कंपनियां हैं । अतः आप इस जन्म में तो ऐसी कंपनियों की बराबरी कभी नहीं कर पाएंगे... तो यह मानसिकता भी ठीक नहीं है । बल्कि यह मानकर चलिए कि आप किसी भी बड़ी कंपनी की बराबरी कर सकते हैं और यदि आप ठान लें तो अपनी कंपनी को उनसे भी बड़ी बना सकते हैं । क्योंकि सैकड़ों कंपनियां ऐसी हैं जिन्होंने छोटे रूप से शुरुआत करके समकालीन कंपनियों से अपनी कंपनी को बड़ा बना लिया । अतः **"छोटे को छोटा समझकर नजरअंदाज करना और बड़े को बड़ा समझकर डरना छोड़ दीजिए"** ।

व्यापार में आपका सामना गिरगिटों से होगा, सतर्क रहिएगा

इस बात को आप जितने जल्दी समझ जाएंगे उतने ही जल्दी धोखा खाने से बच जाएंगे क्योंकि **"धोखा संयोग से नहीं, बल्कि सोच समझकर दिया जाता है"** इसलिए आपको भी व्यापार में सतर्क एवं प्रोएक्टिव रहना होगा क्योंकि व्यापार में आपका सामना कुछ ऐसे लोगों (**गिरगिट जैसे रंग बदलने वालों**) से होगा जो...

✓ कभी भी अपनी बातों से मुकर जाएंगे ।
✓ उनके फायदे के लिए आसानी से झूठ बोल देंगे ।
✓ आप पर झूठे आरोप भी लगा सकते हैं ।
✓ आपके पैसे डुबा सकते हैं ।
✓ स्वयं के फायदे के लिए किसी भी हद तक जा सकते हैं ।
✓ आपसे सीखकर आपके ही प्रतिस्पर्धी बन सकते हैं ।
✓ आपको आसानी से धोखा दे सकते हैं ।
✓ आपके साथ रहकर आपको ही नुकसान पहुंचा सकते हैं।

और **"कुछ लोग ऐसे भी मिलेंगे जिनकी तुलना आप चप्पल से कर सकते हैं, जो साथ तो देते हैं लेकिन पीछे-पीछे कीचड़ भी उछालते रहते हैं"** । अतः आश्चर्य ना करें क्योंकि हो सकता है कि जिस अनुपात में

उन्हें धन और संपत्ति मिली है उस अनुपात में वे सही शिक्षा व ज्ञान अर्जित नहीं कर पाएं हैं शायद इसलिए वे ऐसा बर्ताव करते हैं ।

भविष्य में भी चलने वाले व्यापार की समझ के साथ शुरुआत करें

एक सर्वे के मुताबिक "आने वाले पंद्रह से बीस सालों में यह दुनिया पूरी तरह बदल जाएगी और हो सकता है कि आज चलने वाले 70% से ज्यादा व्यापार एवं उद्योग बंद हो जाएं"। मार्केट में ऐसे बहुत सारे व्यापार हैं जो कई साल पहले भी चल रहे थे और कई सालों बाद भी चलेंगे जैसे कपड़े, किराना, जनरल आइटम, डेली नीड्स और हेल्थ से जुड़े व्यापार आदि । लेकिन आज चलने वाले सभी व्यापार कुछ सालों बाद चलेंगे या नहीं इस पर संशय है, क्योंकि दुनिया बहुत तेजी से बदल रही है अतः आप अपने आँख, कान और दिमाग खुला रखें वरना पीछे छूट सकते हैं ।

लगभग बीस साल पहले जो व्यापार धड़ल्ले से चल रहे थे पर आज नहीं, जैसे कि एस.टी.डी. बूथ, केरोसिन से चलने वाले स्टोव, ब्लैक एंड वाइट टीवी, टेप रिकॉर्डर, ऑडियो व वीडियो कैसेट, रील वाले कैमरे आदि । तो ऐसा ना हो कि आप मेहनत से व्यापार की शुरुआत करें, कठिन परिश्रम व लगन से उसे एक मुकाम तक भी ले जाएं, लेकिन उसके बाद लोगों को उस प्रोडक्ट या सर्विस की जरुरत ही ना पड़े । तब आपको फिर से नए व्यापार की शुरुआत करनी पड़ेगी इसलिए बेहतर होगा कि आप ऐसा व्यापार चुनें जो भविष्य में भी चलता रहें और सफल व्यापारी अक्सर कहते हैं कि **"व्यक्ति को समयानुसार अपने व्यापार एवं स्वभाव में आवश्यक बदलाव करते रहना चाहिए"** ।

जब तक आप सफल ना हो जाएं, दूसरा आप्शन सोचना भी मत

जो लोग लंबे समय से नौकरी करते आ रहे हैं और अब वे व्यापार में पहली बार हाथ आजमा रहे हैं, तो उन लोगों का मानना ऐसा हो सकता है कि अगर यह व्यापार चल गया तो ठीक है नहीं चला तो दूसरा ऑप्शन सोचेंगे । **"लेकिन यह उचित नहीं है"**, क्योंकि ऐसे लोग जो दुनिया में शीर्ष स्थान पर बैठे हैं उन्होंने एकाग्रचित होकर लंबे समय तक एक ही कार्य को प्राथमिकता के साथ किया तभी वे सफल हुए ।

आप ही सोचिए कि **"यदि आपके पास Option-B मौजूद है तो निश्चित रूप से Option-A फैल ही होगा"** (आप्शन का संबंध यहां मंजिल से है, रास्ते से नहीं) क्योंकि आप्शन A में थोड़ी भी परेशानी आई तो आप सीधा आप्शन B पर चले जाएंगे और आप्शन A को अधुरा छोड़ सकते हैं । अतः मेरा मानना है कि जब तक आप इस व्यापार में सफल ना हो जाएं तब तक दूसरा ऑप्शन सोचना भी मत । बल्कि कितने भी तरीके इस्तेमाल करने पड़े, कितनी ही मेहनत या समय देना पड़े लेकिन आप कभी हार नहीं मानेंगे एवं इस दौरान आप दूसरे ऑप्शन जैसे **"नौकरी या दूसरे व्यापार"** के बारे में बिल्कुल भी नहीं सोचेंगे तभी सफल होंगे ।

या तो लोग शुरू ही नहीं करते
या फिर दिल से नहीं करते

अक्सर लोग सोचते रहते हैं और सोचने विचारने में ही काफी समय निकल जाता है । जिसमें वे काम शुरू करने की बजाय टालते रहते हैं और हम सब जानते हैं कि **"काम टालने से सफलता टलती है"** एवं यही सभी समस्याओं की जड़ है, अतः सही प्लानिंग करें और देर किए बिना काम शुरू कर दें ।

व्यापार में कुछ लोग ऐसे भी हैं जिन्होंने शुरुआत तो शानदार तरीके से कर दी है लेकिन वे काम को दिल से नहीं कर पाते । ज्यादा प्रयास नहीं करते, व्यापार को बढ़ाने या व्यापार विस्तार में कम ही दिलचस्पी लेते हैं एवं उन्हें देख कर ऐसा लगता है मानो इस काम को करने के लिए किसी ने उन्हें सजा दे रखी है । वे बड़े उदास, हताश और निराश दिखते हैं मानो जैसे तैसे धक्का मार के वे गाड़ी चला रहे हैं ।

उदाहरण के लिए **"यदि आपको दस फिट का गड्ढा कूदना है, तो एक फूट कूदें, दो फिट कूदें या फिर नौ फिट ग्यारह इंच कूदें, आखिर गिरना तो गड्डे में ही है... जबकि विजेता बनने के लिए आपको एक बार में ही पूरा दस फिट कूदना होगा"**। कुछ लोग सोचते हैं कि इतनी मेहनत के बावजूद वे सफल क्यों नहीं हो पा रहें हैं, जबकि जग जाहिर है कि अधूरे प्रयास से कुछ भी हासिल कर पाना असंभव है । अतः आपसे अनुरोध है कि आप जो भी काम करें उसे पूरी लगन से प्रसन्नचित होकर अंजाम दें ।

'योग्यता' का दोहन

'योग्यता' होना अलग है और 'योग्यता' का दोहन करना अलग है । यदि आप स्कूल और कॉलेज याद करें तो आपको कुछ ऐसे चेहरे जरूर याद आ जाएंगे जो बहुत प्रतिभाशाली थे और **"उन्हें देखकर लगता था मानो वे अपनी-अपनी फील्ड में रिकॉर्ड ही बनाएंगे और एक दिन उनकी गिनती दिग्गजों और महारथियों में होगी"** लेकिन ऐसा नहीं हुआ । उनमें से अधिकांश लोगों में योग्यता तो थी लेकिन वे उसका दोहन नहीं कर पाए, मतलब वे अपनी योग्यता को पहचानकर व्यावसायिक रूप नहीं दे सके । यदि वे चाहते व कोशिश करते तो उस फील्ड में आगे जाकर अपना करियर व पहचान बना सकते थे लेकिन उन्होंने सिर्फ टाइम पास किया और आज भी वे वैसे ही हैं, बल्कि कुछ लोग तो और बद्तर हालत में हैं ।

एवं इसी के विपरीत जिन लोगों ने समय रहते अपनी योग्यता को पहचान कर उस फील्ड में अपना सर्वस्व दे दिया तो वे लोग आज ना सिर्फ सफल हैं बल्कि अपनी फील्ड में महारथी बनकर बैठे हैं और पैसे व नाम कमाते हुए जीवन का आनंद भी ले रहें हैं । यदि आप भी स्वयं और समाज की प्रगति के लिए अपनी योग्यताओं को पहचान कर उसका दोहन करते हैं तो फिर सफल होने से आपको कोई नहीं रोक पाएगा ।

शौक, आदत और लत Hobby, Habit & Addiction

शौक, आदत और लत... अच्छी या बुरी दोनों तरह की हो सकती है, उदाहरण के लिए...

> कोई महीने में एक या दो बार शराब पीता है तो वह शौक (Hobby) है ।

> रोज शाम को शराब पीता है तो आदत (Habit) है ।

> और चौबीसों घंटे शराब पीने लगे तो लत (Addiction) है ।

"यहां पर मेरा उद्देश्य कम शराब पीने वालों का गुणगान करना या फिर ज्यादा शराब पीने वालों की आलोचना करना नहीं है" । बल्कि इस उदाहरण से आपको शौक, आदत और लत के बीच का फर्क समझाना है । लेकिन यह सिर्फ शराब के साथ ही नहीं, बल्कि किसी भी चीज के साथ हो सकता है । जैसे स्वादिष्ट खाने का शौक, शॉपिंग या घूमने का शौक, काम करना, आराम करना, यारी-दोस्ती, सोशल मीडिया आदि ना जाने कब शौक से शुरू होकर आदत और फिर लत में परिवर्तित हो जाते हैं पता ही नहीं चलता ।

या इसी तरह की बहुत सी चीजें हैं जो शौक तक तो ठीक है, आदत तक भी उन्हें संभाला जा सकता है । लेकिन जब वे लत में परिवर्तित हो जाएं तो समझ लीजिए कि आप उन चीजों के आदी हो चुके हैं । और यदि आपको लत लगानी ही है तो क्यों ना अच्छी चीजों की लगाएं, जैसे कि समाज सेवा, अधिकतम प्रोडक्टिविटी, प्राकृतिक भोजन, मेहनत, समय पर काम करने, कमिटमेंट पूरा करने या फिर किताबें पढ़ने की... क्योंकि **"शौक, आदत और लत में जिसको फर्क समझ में आ गया, उसको सही मायने में जिंदगी जीना आ गया"** ।

उपलब्धियों के बिना प्रतिभा व योग्यता की कोई कीमत नहीं

भले ही आपमें कितनी भी योग्यताएं, प्रतिभा और काबिलियत छुपी हो... जब तक आप उन्हें उपलब्धियों में नहीं बदल लेते तब तक दूसरों की नजर में उनकी कोई कीमत नहीं रहेगी । आप चाहें तो दुनिया के किसी भी सफल व्यक्ति का उदाहरण ले लीजिए, उन्हें दुनियावालों ने तभी सम्मान देना शुरू किया जब लोगों ने उनकी उपलब्धियों को देखा ।

क्योंकि लोग अक्सर बड़ी-बड़ी बातें करते हैं लेकिन उनकी बातों से यह तय कर पाना मुश्किल होता है कि उन पर विश्वास किया जाए या नहीं इसलिए आप भी पहले यह जान लें कि उस व्यक्ति ने अपनी कथनी को करनी में बदला है या नहीं । क्योंकि बातों के शेर तो बहुत हैं और **"पाखंड अपने वादों में भव्य हो सकता है, क्योंकि जब वादे पूरे करने का इरादा ही ना हो तो इसमें कुछ भी खर्च नहीं होता"** । इसलिए आप जब तक अपनी योग्यता साबित ना कर दें तब तक आप पर कोई भी विश्वास नहीं करेगा । अतः सार्वजनिक रूप से आपके गोल्स, विज़न और मिशन को किसी से शेयर करने की बजाय उन्हें पूरा करने में जुट जाएं, उपलब्धियां स्वयं ही आपका नाम रोशन कर देगी ।

अधिकता छुपाती है, अभाव दिखावा करता है

व्यापार में आपकी मुलाकात अक्सर दो तरह के लोगों से होगी । पहले वे जिनके पास किसी चीज की अधिकता है तो वे उसे छुपाने की कोशिश करेंगे, जैसे कि पैसे, संपत्ति, नाम, रुतबा आदि... दूसरे वे जिनके पास जो चीजें कम होगी वे अक्सर उनका ज्यादा दिखावा करेंगे । इसका सबसे अच्छा उदाहरण सोशल मीडिया है जिसमें आप पाएंगे कि **"हर पल की खुशनुमा फोटो, विडियो या पोस्ट करने वाले लोग अक्सर भीतर से नाखुश होते हैं"** ।

जो लोग वास्तव में खुश हैं, वे खुश होने का दिखावा नहीं करते । जैसे **"अमीर लोग अक्सर दूसरों को उनकी कमाई और संपत्ति या तो कम कर के बताते हैं या फिर छुपाते हैं"** क्योंकि उन्हें डर होता है कि...

- ✓ किसी की नजर ना लग जाए ।
- ✓ इनकम टैक्स वालों के छापें ना पड़ जाएं ।
- ✓ चोरी डकैती आदि ना हो ।
- ✓ फिरौती के लिए कोई अपहरण ना कर लें ।
- ✓ कोई उनकी संपत्ति ना हड़प लें ।
- ✓ उधार पैसे माँगनेवालों की लाइन ना लग जाएं ।

वहीं दूसरी तरफ **"जिनके पास कम पैसे होते हैं, वे अपनी अक्षमता, अभाव, कमजोरी या खालीपन को ढकने के लिए अक्सर पैसे वाले होने का दिखावा करते हैं ताकि उन्हें कोई तुच्छ, गरीब या असफल ना समझें"** । इसलिए जब भी आपको कोई दिखावा करते हुए मिलें या किसी चीज को छुपाते हुए दिखे तो इस कथन को याद रखें और अपने विवेक से काम लें ।

स्वयं को ईश्वर (सर्वज्ञानी) समझ लेना

कुछ लोगों को आप कितना भी अच्छा, नया या बेहतर बताने की कोशिश करें, अंततः वे यही कहेंगे कि मुझे मत बताओ, मुझे सब मालूम है । ये वे लोग हैं जिन्होंने स्वयं को ईश्वर **(सर्वज्ञानी)** मान लिया है ।

जैसा कि **(वैदिक धर्म के अनुसार ईश्वर ने ब्रम्हांड की रचना की है इसलिए ईश्वर को सर्वज्ञानी माना जाता है)** लेकिन कुछ लोग स्वयं को ही सर्वज्ञानी मान लेते हैं और यही गलतफहमी उन्हें आगे नहीं बढ़ने देती । एक कहावत है कि **"बुद्धिमान मूर्खों से उतना सीख लेते हैं जितना मूर्ख बुद्धिमानों से नहीं सीख पाते"**, बात कड़वी लेकिन सच है क्योंकि यदि किसी को लगता है कि वो सर्वज्ञानी है तो इसका मतलब कि वे कूपमंडूप है और उन्होंने कुएं के बाहर की दुनिया देखी ही नहीं है ।

क्योंकि **"कुंए के मेंढक को आसमान भी उतना ही नजर आता है जितना वो नीचे से देख पाता है"** तो यदि आपका भी ऐसा ही दृष्टिकोण है, तो तुरंत अपना दृष्टिकोण बदलिए और हर पल, व्यक्ति, घटना या परिस्थिति से कुछ ना कुछ सीखकर आगे बढ़ते रहिए, क्योंकि **"शरीर का विकास अपने आप होता है, लेकिन बुद्धि का नहीं"** ।

कमाई और खर्च का संतुलन ही वास्तविक सफलता है

व्यापार के शुरुआती दौर में आपको सिर्फ वहीं खर्च करना है जहां वास्तव में जरुरत है, फिर बाद में आप चाहें तो अपने शौक पर भी पैसे खर्च कर सकते हैं । लेकिन अधिकांशतः ऐसा होता है कि **"लोग पैसा कमाना तो आसानी से सीख जाते हैं, लेकिन पैसों को रोककर रखना सीखने में उन्हें पूरी जिंदगी लग जाती है"** और वे शुरुआत से ही अपनी इच्छाएं पूरी करने लगते हैं । परिणाम यह होता है कि उन्हें व्यापार से उतना मुनाफा नहीं होता और अंततः वे असफल हो जाते हैं इसलिए **"पैसों की कद्र भी रिश्तों की तरह ही करना चाहिए, क्योंकि दोनों को कमाना मुश्किल है लेकिन गंवाना आसान"** ।

दूसरी तरफ ऐसे लोग भी होते हैं जो शुरुआत से ही सिर्फ जरुरी चीजों पर पैसे खर्च करते हैं । समय के साथ-साथ वे और ज्यादा सफल व बड़े व्यापारी भी बन जाते हैं लेकिन उनकी अति कंजूसी की आदत फिर भी नहीं जाती । याने हजारों की कमाई को उन्होंने मेहनत और लगन से करोड़ों की कमाई में परिवर्तित तो कर लिया, लेकिन आज भी वे वैसे ही हैं जैसे कि पहले थे । याने उनके दोस्तों, रिश्तेदारों और पड़ोसियों के साथ-साथ उनके परिवार वालों को भी यही लगता है कि **"वे संपत्ति के मालिक नहीं, बल्कि चौकीदार हैं"** । अतः पैसे कमाने के साथ ही आप उन पैसों से अपनी इच्छाएं, शौक, सुख-सुविधाओं पर भी खर्च करें ताकि सही मायने में आप सफल इंसान की जिंदगी जी सकें ।

दूसरों को सम्मान इस तरह दें, कि आपका सम्मान कम ना हो

यदि आप लोगों को कम अहमियत देते हैं या उनकी तरफ ध्यान ही नहीं देते हैं तो लोग आपको अहंकारी या घमंडी समझते हैं और उन्हें सम्मान दें तो वे आपको बेवकूफ, तुच्छ या पिछड़ा समझने लगते हैं । याने कि समस्या तो दोनों तरफ है और इस समस्या से लाखों लोग परेशान हैं ।

तो ऐसा क्या करें कि दूसरों को सम्मान देने से आपका सम्मान कम ना हो । इस दुनिया में कोई भी व्यक्ति आपकी अनुमति के बिना आपको छोटा या तुच्छ महसूस नहीं करा सकता । इसके लिए आपको सबसे पहले स्वयं को इज्ज़त देना होगा तभी दूसरे भी आपको इज्ज़त देंगे । लेकिन दूसरों को इज्ज़त उतनी ही दें, जितने में वे आपको तुच्छ ना समझें, क्योंकि **"कुत्ते को घी और चोर को इज्ज़त नहीं पचती"** । याने कि अयोग्य व्यक्ति को ज्यादा सम्मान देने पर वह हजम नहीं कर पाएगा और उस सम्मान का उपयोग आपके ही खिलाफ कर सकता है ।

अतः स्वयं का सम्मान बनाए रखने के लिए आपको कुछ बातों का ध्यान रखना चाहिए ।

जैसे...

- ✓ किसी को ओवर वैल्यू (योग्यता से अधिक सम्मान) ना दें ।
- ✓ हंसी-मजाक की सीमा तय हो ।
- ✓ सिर्फ काम की बातें करें, अपशब्दों का प्रयोग बिल्कुल ना करें ।
- ✓ दूसरों के लिए हर समय उपलब्ध ना हो ।
- ✓ अपनी गलतियां, कमजोरियां और सीक्रेट हर किसी को ना बताएं ।
- ✓ आपकी थोड़ी भी बेइज्जती हो तो बर्दाश्त ना करें ।
- ✓ स्वयं को दूसरे क्रम पर ना रखें ।
- ✓ अति उदारवादी व्यक्ति की छबि ना बनने दें ।

तभी आप अपना सम्मान बरकरार रखते हुए दूसरों को भी सम्मान दे पाएंगे ।

अपने व्यापार से जुड़े हर काम को बारीकी से सीखिए

यदि ऑर्गेनाइजेशन में होने वाले सभी कार्यों की जानकारी आपको है और जरुरत पड़ने पर आप स्वयं उन कार्यों को कर सकते हैं तो आप तेजी से कामयाब होंगे ।

"ट्रेनिंग प्रोग्राम में लोग अक्सर मुझसे पूछते हैं कि उन्होंने हर कार्य के अनुरूप काबिल और योग्य कर्मचारियों को नियुक्त किया हुआ है, तो उन्हें स्वयं उस काम को सीखने की क्या जरुरत है", इसमें व्यक्तिगत रूप से मेरा मानना यह है कि भले ही आप आजीवन उस कार्य को ना करें, लेकिन आपको सभी कार्य करने के कारगर व असरदार तरीके आने चाहिए ।

क्योंकि इससे...
➢ कर्मचारी आपको कभी बेवकूफ नहीं बना पाएंगे ।
➢ कार्य रुकने पर आप स्वयं उसे पूरा कर सकते हैं ।
➢ कर्मचारियों को उचित और कारगर तरीके सिखा सकते हैं ।
➢ मनोवैज्ञानिक दबाव में कर्मचारी सभी कार्यों को बेहतर अंजाम देते हैं ।

अतः आप भी व्यापार की शुरुआत में थोडा अतिरिक्त समय देकर सभी महत्वपूर्ण कार्यों को सही तरीके से अंजाम देना सीख लें जिससे आपको अपेक्षाकृत बेहतर परिणाम मिल सके ।

कर्मचारियों के साथ व्यवहारिक संतुलन

कर्मचारियों के साथ व्यावसायिक रवैया अपनाएं, क्योंकि आपका अत्यधिक खुलापन (हंसी-मजाक) कई परेशानियों को न्यौता देने जैसा है । जिससे कर्मचारी आपके पद और गरिमा को भूलकर जाने-अनजाने में आपका अपमान कर सकते हैं । वे अपनी मर्यादा भूलकर आपके आदेश का उल्लंघन

भी कर सकते हैं, जिससे आपका रौब खत्म हो सकता है, इतना ही नहीं बल्कि स्वार्थ के लिए वे आपसे वाद-विवाद भी कर सकते हैं।

इसके अलावा आपके व्यापार की गोपनीयता भंग हो सकती है एवं वे आपको धोखा भी दे सकते हैं। वे आपके कार्यों में विघ्न डाल सकते है और आपके व्यापार को जर्जर भी कर सकते हैं। जब उन्हें किसी कार्य के लिए कहीं भेजा जाता है तो उस कार्य सिद्धि में संदेह रहता है। अतः शुरू से ही अपने कर्मचारियों के साथ व्यवहारिक संतुलन बनाए रखें और उनसे हंसी मजाक कम से कम करें क्योंकि **"बंद मुट्ठी लाख की और खुल गई तो खाक की"**। इसलिए कहते हैं कि कर्मचारियों में शर्म व झिझक तथा उनकी नजरों में आपका लिहाज़ बना रहना चाहिए।

कोशिश करने वाले कभी कामयाब नहीं होते

क्या आप उस प्लेन में यात्रा करना चाहेंगे, जिसका पायलट कहे कि मैं प्लेन उड़ाने की कोशिश करता हूँ...।

क्या आप उस डॉक्टर से ऑपरेशन करवाना पसंद करेंगे जो यह कहे कि मुझे ऑपरेशन करना तो नहीं आता लेकिन मैं कोशिश करके देखता हूँ...।

आपने सर्कस में देखा होगा जिसमें एक लड़की अपने सिर पर सेब रखकर खड़ी रहती थी और एक लड़का हाथ में चाकू लिए उस लड़की के ठीक सामने लगभग दस फिट की दूरी पर खड़ा रहता था। उसके बाद लड़के की आँखों में पट्टी बांध दी जाती थी और फिर वह लड़का चाकू फेंककर उस लड़की के सिर पर रखे सेब के दो टुकड़े कर देता था। अब आप ही सोचिए कि वो लड़का कितना परफेक्ट होगा तभी वह यह कर पा रहा है, यदि वह निशानेबाज लड़का उस लड़की से कहे कि मैं कोशिश करता हूँ तो क्या वह लड़की उसे अनुमति देगी? नहीं ना।

इसी तरह आपको भी व्यापार में परफेक्ट होना होगा और स्वयं से वादा करना होगा कि जिस काम को आप हाथ में लेंगे उसे पूरा करके ही रहेंगे। हो सकता हैं कि **"सही दिशा में निरंतरता के साथ कोशिश की जाए"** तो

आप एक दिन परफेक्ट हो जाएं लेकिन सिर्फ कोशिश करने भर से कुछ नहीं होगा।

नौकरी वाले व व्यापार वाले, दोनों ग्राहकों के ब्रेन की वायरिंग में फर्क होता है

दोनों ग्राहकों की सोच, लाइफ-स्टाइल, रहन-सहन, जरूरतें, मोलभाव और शौक एक दूसरे से भिन्न होते हैं इसलिए सबसे पहले आप अपने ग्राहकों को जानने की कोशिश करें कि वे नौकरी करने वाले ग्राहक हैं या व्यापार करने वाले। क्योंकि नौकरी करने वाले ग्राहकों और व्यापार करने वाले ग्राहकों के ब्रेन की वायरिंग में बहुत फर्क होता है।

व्यापार करने वाले ग्राहक अधिकांशतः ब्रांड से ज्यादा "वैल्यू फॉर मनी" में रूचि लेंगे और मोलभाव भी ज्यादा करेंगे" जबकि "नौकरीपेशा ग्राहकों की रूचि ब्रांड, ट्रेंड, क्वालिटी, स्टेटस सिंबल आदि में ज्यादा रहेगी और मोलभाव में कम।

इसलिए आपको दोनों तरह के ग्राहकों में फर्क समझना होगा जिससे आप उनकी प्राथमिकताओं के अनुसार उन्हें संतुष्ट कर सकें।

आस्तीन का सांप ही डसेगा, बस आप सतर्क रहिए

व्यापार में बाहरी व्यक्ति द्वारा नुकसान पहुंचाने की आशंका अपेक्षाकृत कम होती है। याने कोई व्यक्ति सैकड़ों या हजारों किलोमीटर दूर से आपको नुकसान पहुंचाने नहीं आएगा, बल्कि "आपकी आस्तीन में छुपा हुआ आपका करीबी दोस्त, पड़ोसी, रिश्तेदार, कर्मचारी या परिवार का कोई सदस्य भी हो सकता है, जो कभी ना कभी आपका विश्वासपात्र रहा हो"। उनमें से ही कोई... मौका मिलते ही आपको डसेगा, क्योंकि कुछ

लोग **'किराए के मकान'** जैसे होते हैं उन्हें दिल से कितना भी अपना मान लें वे कभी अपने नहीं होते।

इसलिए जितना हो सके आप सतर्क रहिए और फिर भी यदि **"कोई आपके रास्ते में गड्ढा खोदे तो, आप दुखी ना हो क्योंकि ये वही लोग हैं जो आपको छलांग लगाना सिखाते हैं"**। एक सीमा तक ही आप स्वयं को प्रोएक्टिव रख सकते हैं... फिर भी यदि ऐसी परिस्थिति निर्मित होती है तो उसे भी आप सकारात्मक ढंग से लें, क्योंकि ऐसे विश्वासघात ही आपको भविष्य में अपेक्षाकृत ज्यादा सतर्क रहना सिखाएंगे।

आपके पास टैलेंट नहीं है तो क्या हुआ, मार्केट में तो है

धीरूभाई अंबानी जी ने कहा था कि **"अगर आपके पास टैलेंट नहीं है तो क्या हुआ, मार्केट में तो है, अतः उन्हें नौकरी पर रखिए"**। कहने का आशय यह है कि अपनी सुरक्षा के लिए आपको स्वयं पहलवान बनने की जरूरत नहीं है, बल्कि आप पहलवान नियुक्त कर सकते हैं...। तो यदि आपको भी ऐसा लगता है कि इस व्यापार को शुरू करने के लिए जो टैलेंट या स्किल आवश्यक है वह आपके पास नहीं है तब भी आप निश्चिंत होकर मार्केट से उस टैलेंट या स्किल से जुड़े हुए कुशल व योग्य कर्मचारियों को नियुक्त कर सकते हैं।

वैसे आपने गौर किया होगा कि अधिकांशतः टेलेंटेड लोग मेहनत और लगन से डॉक्टर बन जाते हैं। लेकिन कुछ लोग डॉक्टर बनने की बजाय स्वयं का हॉस्पिटल खोलते हैं और फिर ऐसे **"टेलेंटेड, काबिल और अनुभवी डॉक्टर्स को अपने हॉस्पिटल में नियुक्त करके उन डॉक्टर्स से कहीं ज्यादा नाम और पैसे कमाते हैं"**। अतः आप भी मार्केट से टैलेंटेड लोगों को ढूंढिए और उन्हें अपने ऑर्गेनाइजेशन में नौकरी पर रखिए।

व्यापार पूरी ईमानदारी से चल नहीं सकता

व्यापार पूरी ईमानदारी से चल नहीं सकता का मतलब यह नहीं है कि आपको व्यापार में बेईमानी करना है, बल्कि **"बेईमानी और व्यापार दोनों अलग-अलग हैं और व्यापार में बेईमानी की कोई गुंजाईश भी नहीं है"** । इसका मतलब यह है कि आपको थोड़ी चतुराई तो रखनी पड़ेगी तभी आप अपने व्यापार को अच्छी तरह से चला पाएंगे, क्योंकि इस दुनिया में चतुर लोगों की कोई कमी नहीं है । अतः जो भी आपसे ज्यादा चतुर होंगे वे स्वयं के फायदे के लिए आपका भरपूर इस्तेमाल करेंगे या आपके व्यापार को सही ढंग से चलने नहीं देंगे, इसलिए व्यापार को सुचारू रूप से चलाने के लिए चतुराई तो रखनी ही पड़ेगी ।

यहां पर पाठकों से निवेदन है कि वे 'चतुराई' को 'चतुराई' ही समझें 'चालाकी' नहीं, क्योंकि चतुराई और चालाकी में काफी अंतर होता है ।

वास्तव में **"चतुराई का संबंध व्यक्ति की बौद्धिक क्षमता से होता है, जो किसी समस्या के निवारण या स्वयं को दूसरों द्वारा इस्तेमाल होने से बचाने के काम आती है, जबकि चालाकी का संबंध कुटिलता, लोमड़ी बुद्धि और नीचता से है"** ।

पर्चेस हेड और सेल्स हेड दो अलग-अलग व्यक्ति होने चाहिए

व्यापार के प्रमुख कार्यों में सबसे महत्वपूर्ण कार्य **"खरीदी एवं बिक्री"** है और इन दोनों कार्यों को सुचारू रूप से संचालित करने के लिए दोनों डिपार्टमेंट के हेड की जरूरत होती हैं, जो अपनी-अपनी जिम्मेदारियों और जवाबदारियों के निर्वाहन में योग्य व सक्षम हो । **(यदि आप मंझोले**

व्यापारी हैं तो हो सकता है कि यह दोनों काम आप स्वयं ही करते हो) ।

लेकिन आपका व्यापार यदि बड़ा है या आप किसी बड़ी कंपनी को संचालित कर रहे हैं तब आपको इस बात का विशेष ध्यान रखना होगा कि आपके पर्चेस हेड या डिपार्टमेंट के लोग इतने विश्वसनीय हो कि आपकी कंपनी के भेद को कहीं लीक ना करें । क्योंकि ये वे लोग होते हैं जिन्हें प्रोडक्ट से संबंधित सभी महत्वपूर्ण जानकारियां होती है, जैसे कि उसके वेंडर, सप्लायर, मैन्युफैक्चरर के रेट्स, डिस्काउंट या पेमेंट कंडीशन आदि ।

उसी प्रकार इस बात पर भी ध्यान देना होगा कि आपके सेल्स डिपार्टमेंट के हेड एवं स्टाफ के कुछ खास लोग जिन्हें आपके ग्राहक, रिटेलर, डिस्ट्रीब्यूटर, व्होलसेलर, मार्केट, सेलिंग प्राइस, ऑफर और बिक्री आदि सभी बातों की जानकारी होती है । वे भी भरोसेमंद हो एवं व्यापार की गोपनीयता को भंग ना करें ।

मान लीजिए **"पर्चेस हेड और सेल्स हेड दोनों आपस में मिलकर यदि स्वयं का व्यापार शुरू कर लेते हैं, तब वे आपके सबसे निकटतम प्रतिस्पर्धी बन सकते हैं"** । परिणामस्वरूप आपके व्यापार को वे बुरी तरह से नुकसान पहुंचाएंगे या हो सकता है कि पूरी तरह बर्बाद ही कर दें । अतः आप पर्चेस और सेल्स हेड की जिम्मेदारियां अलग-अलग व्यक्तियों को दें और हो सके तो उनके कार्यस्थल भी अलग-अलग ही रखें ।

एक नाराज ग्राहक मार्केट में आपकी छबि खराब कर सकता है

जब कोई ग्राहक आपकी कंपनी के प्रोडक्ट या सर्विस से परेशान या नाराज होता है, तो वह अकेला परेशान या नाराज नहीं होता, बल्कि अपने रिश्तेदारों, दोस्तों, पड़ोसियों और घरवालों से आपके प्रोडक्ट या सर्विस की लगातार बुराई करके आपकी नकारात्मक छबि बना सकता है, परिणामस्वरुप संभावित ग्राहक आप से जुड़ने में कतराएंगे, अतः कोशिश करें कि ऐसा ना हो ।

क्योंकि ऐसे नाराज ग्राहकों को जब भी मौका मिलेगा... लोगों को यह बताने में वे पीछे नहीं रहेंगे कि आपकी वजह से उन्हें नुकसान हुआ है । जबकि **"कुछ लोग इस वजह से भी नाराज हो जाते हैं, क्योंकि वे आपसे कोई फायदा नहीं ले पाए, और उनके अनुसार किसी से फायदा नहीं ले पाना भी नुकसान की श्रेणी में आता है"** । तो ऐसे नाराज ग्राहकों के लिए आपको मुनाफा कम करना पड़े, प्रोडक्ट वापस लेना पड़े, पैसे लौटाना पड़े, किसी गलती की माफी मांगना पड़े या फिर ग्राहकों को जोड़े रखने के लिए आग्रह भी करना पड़े तो कीजिए । लेकिन समय रहते उनकी नाराजगी दूर होनी चाहिए, ताकि आपके बारे में उनके विचार सकारात्मक बने रहें एवं उन्हें किसी के सामने आपकी बुराई करने का मौका ना मिले ।

व्यापार में खुद से करो वादा,
शुरू में मेहनत बाद में चतुराई ज्यादा

व्यापार शुरू करने से पहले लोगों के मन में अक्सर यह भ्रम रहता है कि व्यापार में मेहनत जरूरी है या चतुराई ।

कुछ लोग सोचते हैं कि **व्यापार मेहनत से चलता है** ।

कुछ लोगों के अनुसार **व्यापार में चतुराई ज्यादा जरूरी है** ।

लेकिन व्यापारिक दृष्टिकोण से देखा जाए तो **"व्यापार में मेहनत भी चाहिए और चतुराई भी"** ।

याने शुरुआत के कुछ सालों में आपको मेहनत ज्यादा करनी पड़ेगी, ताकि आप व्यापार की सभी बारीकियां, चुनौतियां, अवसर, जोखिम और समाधान के साथ ही वेंडर, सप्लायर और ग्राहकों को भी भलीभांति समझ सकें । कुछ समय बाद जब आपको व्यापार के सभी असरदार और कारगर तरीके समझ आ जाएं तब आपको अपेक्षाकृत कम मेहनत लगेगी । तदुपरांत समय के साथ भले ही आप शारीरिक रूप से मेहनत करने के लिए उतने

सक्षम ना भी रहें तब भी अनुभव और चतुराई का पलड़ा मेहनत की भरपाई कर देगा।

'ज्यादा सीधे' को दुनिया खा जाएगी और 'ज्यादा चालाक' स्वयं ही अपने धंधे को निगल लेंगे

"जंगल में उसी पेड़ को पहले काटा जाता है जो सीधा होता है"। बात बहुत ही साधारण है लेकिन इसका आपके व्यक्तिगत और व्यावसायिक जीवन में गहरा प्रभाव पड़ता है। याने आपको ना ही बहुत सीधा होना है और ना ही अति चालाक, लेकिन हर व्यक्ति के लिए सीधे और चालाक की परिभाषा अलग-अलग होती है। क्योंकि सीधे व्यक्ति को सामान्य व्यक्ति भी अति चालाक लग सकता है और चालाक व्यक्ति को सामान्य व्यक्ति भी गधा या बेवकूफ।

अतः इसको समझने का एक साधारण तरीका है कि आपके अलावा यदि हर व्यक्ति आपको चालाक कह रहा है मतलब आपको स्वीकार कर लेना चाहिए कि आप **'अति चालाक'** हैं, और समय रहते आपने स्वयं को नहीं बदला तो लोग व्यक्तिगत या व्यावसायिक रूप से आपसे जुड़ना पसंद नहीं करेंगे क्योंकि **"हर डील में आप स्वयं का फायदा ही देखेंगे"**।

यदि हर बार आपको ही नुकसान हो रहा है मतलब आप बहुत सीधे हैं, तो इतने सीधे बनकर भी मत रहिए कि दुनिया वाले आपको नर्म चारा समझकर कच्चा ही चबा जाएं। अतः अपने व्यक्तित्व, दृष्टिकोण और व्यवहार में संतुलन बनाए रखें।

जो दिखता है वो बिकता है

मार्केट में एक कहावत है **"जो दिखता है वो बिकता है"**। कहने का तात्पर्य यह है कि आप अपने प्रोडक्ट / सर्विस को कितना भी अच्छा बना लें लेकिन

जब तक लोगों को नहीं दिखेगा तब तक आप उसे मार्केट में बेच नहीं सकते। इसलिए जरुरी है कि आप प्रोडक्ट के सैंपल पैक बनाएं एवं सर्विस का ट्रायल दें, अन्यथा आपने कहावत तो सुनी होगी कि **"जंगल में मोर नाचा किसने देखा"** और वैसे भी लोगों को जो प्रोडक्ट या सर्विस हर जगह दिखती है तो वे स्वाभाविक रूप से उसमें रुचि लेने लगते हैं।

अतः आप जब भी कोई नया प्रोडक्ट लॉन्च करे तब जितना हो सके बैनर, पोस्टर और होर्डिंग्स आदि लगवाएं एवं अपने क्षेत्र की हर छोटी बड़ी शॉप तक भी पहुंचाएं। इसके अलावा रेडिओ, टीवी, न्यूज़ पेपर, मैग्ज़ीन आदि में विज्ञापन भी दे सकते हैं। सोशल मीडिया **(फेसबुक, व्हाट्सएप और इंस्टाग्राम)** एक अच्छा प्लेटफार्म है, अतः पूरी मेहनत से अपने प्रोडक्ट या सर्विस को अधिकांश लोगों तक पहुंचाएं, यदि एक बार लोगों ने आपके प्रोडक्ट की क्वालिटी या सर्विस के स्तर को पसंद कर लिया तो फिर वे आपके स्थायी ग्राहक बन जाएंगे। यहां सैंपलिंग का सिद्धांत सबसे महत्वपूर्ण है और **"यदि आप सैंपलिंग के सिद्धांत पर विश्वास नहीं करते हैं, तो अगली बार जब खून की जाँच करवाने जाएं तो पैथोलोजिस्ट से कहिए कि वो आपका सारा खून निकाल लें"।**

बिना लक्ष्य का व्यापार बिना पते के लिफाफे की तरह ही होता है

"आप अपने लिए लक्ष्य बनाते ही समाज के 3% लोगों में शामिल हो जाएंगे, अफसोस की बात यह है कि 97% लोग कोई लक्ष्य ही नहीं बनाते"। इसलिए आप जिस भी कंपनी या व्यापार की शुरुआत करने जा रहे हैं उसके लिए आपको आने वाले महीनों और वर्षों का लक्ष्य निर्धारित करना होगा।

यदि आपने किसी भी काम को बिना लक्ष्य के शुरू किया तो हो सकता है कि आप कुछ भी हासिल ना कर पाएं। क्योंकि जब आपका लक्ष्य ही नहीं होगा तो आपके कर्मचारियों का भी कोई लक्ष्य नहीं होगा, परिणामस्वरूप आपकी कंपनी कब और कहां पहुंचेगी यह कह पाना मुश्किल है। इसलिए कहते हैं

कि "बिना लक्ष्य का व्यापार बिना पते के लिफाफे की तरह ही होता है, जो अंततः कहीं नहीं पहुंचता" । अतः सभी डिपार्टमेंट, टीम व कर्मचारियों के हर दिन, हफ्ते, महीने और साल का लक्ष्य बनाकर काम करने से आपको अपने लक्ष्य तक पहुँचने में आसानी होगी और आप सफलता की सीढ़ियाँ चढ़ सकेंगे ।

कुछ तो दांव पर लगाना ही होगा

यदि आप अपने आसपास के सफल लोगों को गौर से देखेंगे तो आपको यह समझने में देर नहीं लगेगी कि **"कुछ पाने के लिए कुछ खोना पड़ता है"** । मतलब सफलता पाने के लिए कुछ ना कुछ तो दांव पर लगाना ही पड़ेगा, जैसे जब कोई डॉक्टर बनना चाहता है तो उसे बहुत कुछ दांव पर लगाना पड़ता है । जिसकी शुरुआत स्कूल से ही हो जाती है जिसमें सबसे पहले 12th क्लास में साइंस (बायोलॉजी) में अच्छे मार्क्स लाना । फिर कड़ी मेहनत व लगन से NEET का एग्जाम पास करना, उसके बाद 6 साल ग्रेजुएशन के लिए और 3 साल MD के लिए, फिर भी कम से कम 1 से 2 साल तक किसी सीनियर डॉक्टर के साथ प्रैक्टिस करना पड़ता है । याने 12th के बाद दस साल दांव पर लगाने, लाखों रू. खर्च करने और रोजाना दस से बारह घंटे पढ़ाई करने के बाद भी गारंटी नहीं है कि आप सफल डॉक्टर बनकर लाखों रूपए कमाने ही लगेंगे ।

अब आप ही सोचिए कि व्यापार में सफल होने के लिए आप दांव पर क्या लगा रहे हैं ? पैसे, मेहनत, इमेज और लाइफ के महत्वपूर्ण साल (Golden years) सब कुछ कई सालों तक दांव पर लगाना ही पड़ेगा । क्योंकि **"बिना मरे स्वर्ग नहीं मिलता"** और बिना कुछ दांव पर लगाए सफलता भी असंभव है ।

समाधान के दो विकल्प हैं, शॉर्टकट व लॉन्गकट

व्यापार में आए दिन कोई ना कोई समस्या आएगी और उसके समाधान के लिए आपके पास दो विकल्प होंगे । पहला शार्टकट जो कि इमोशनल हो सकता है जो अक्सर भावनाओं में बहकर लिया जाता है और दूसरा लॉन्गकट याने लॉजिकल... जिसे विवेकपूर्ण तरीके से सोच समझकर लिया जाता है, जो लंबे समय में व्यापारिक दृष्टिकोण से फायदेमंद साबित होगा ।

इसलिए आप दूसरे विकल्प को प्राथमिकता दें, क्योंकि **"जो भावनाओं को नहीं संभाल सकते, वे सफलता भी नहीं संभाल पाएंगे"** । अतः आप भी अपनी व्यापारिक समस्याओं का लॉजिकल समाधान ढूँढिए, जिसके परिणाम भले ही लंबे समय में आए लेकिन ऐसे समाधान अंततः अच्छे परिणाम ही देंगे जो नैतिक और संवैधानिक होंगे, जिससे आप लंबे समय तक व्यापार में सफलता अर्जित कर सकते हैं और आप किसी की चालबाजी षड्यंत्र या दबाव में गलत निर्णय लेने से भी बच जाएंगे ।

कोई भी ग्राहक खराब या बेकार नहीं हैं, वे एक-दूसरे से अलग हैं

अक्सर दस में से एक या दो व्यापारी ऐसे होते है जो ग्राहकों के सामने तो कुछ नहीं कहते, लेकिन पीठ पीछे उनकी आलोचना करते हैं । वे अपने ग्राहकों के बारे में ऐसी विचारधारा बना लेते हैं कि यह ग्राहक खराब है या वह ग्राहक बेकार है । लेकिन व्यक्तिगत रूप से मेरा मानना यह है कि व्यापारियों को इस तरह की मानसिकता नहीं रखनी चाहिए और पीठ पीछे भी अपने ग्राहकों की आलोचना करने से बचना चाहिए । क्योंकि कोई भी ग्राहक खराब या बेकार नहीं होता बल्कि वह दूसरों से अलग होता है । और ग्राहक एक-दूसरे से अलग इसलिए हैं क्योंकि उनकी **शिक्षा, रूचि, शौक, खानपान, रीति रिवाज, भाषा, रहन-सहन, मानसिकता, विकल्प और समाधान खोजने के तरीके भी अलग हैं ।**

कोई पाँच देकर दस लेना चाहता है कोई दस लेने के लिए पंद्रह देने की बात करता है । कोई व्यवहारिक है तो कोई घमंडी या फिर स्वाभिमानी । कोई मृदुभाषी है तो कोई स्पष्टवादी, किसी के बात करने के तरीके में सभ्यता हैं तो कोई मुँहफट । बस वे एक दूसरे से अलग है, ना ही वे खराब है और ना ही बेकार ।

काँटों के बीच गुलाब और कीचड़ में कमल बहुत कुछ सिखाते हैं

काँटों के बीच गुलाब और कीचड़ में जैसे कमल खिलता है वैसे ही तमाम परेशानियों, बाधाओं और चुनौतियों के बावजूद व्यापार चलाना एक सफल व्यापारी की पहचान होती है । वैसे गुलाब और कमल दोनों फूलों में यह समानता है कि वे विरोधी वातावरण में भी अपना अस्तित्व बनाए रखते हैं । इसी तरह आप भी अपने व्यापार को सुरक्षित रख सकते हैं, और वैसे भी **"वह दिन कभी नहीं आएगा जब सब ठीक हो जाएगा"** । याने आपको भी तमाम चुनौतियों एवं बाधाओं के साथ ही व्यापार चलाना होगा और वे किसी भी तरह की हो सकती हैं जैसे सामाजिक, आर्थिक, मानसिक, सरकारी नीतियां या प्रतिस्पर्धा आदि ।

अतः आप भी सभी चुनौतियों का सामना करते हुए अपने व्यापार का अस्तित्व बनाए रखें । **"क्योंकि ये मौसम, हवाएं, सर्दी, गर्मी, बारिश या लोगों का बर्ताव कभी नहीं बदलने वाला है,** और यदि आपको सफल होना है तो स्वयं को ही बदलना होगा ।

व्यापारी के व्यवहार में विनम्रता होनी चाहिए

"व्यापार की दुनिया में विनम्रता एक योग्यता मानी जाती है", कई जगह तो विनम्रता की ही नौकरी है जिसका साक्षात अनुभव किसी भी हवाई यात्रा में कर सकते हैं । व्यापार में ग्राहकों से डील करते समय आपके

व्यवहार में विनम्रता होना बहुत आवश्यक है क्योंकि विनम्रता ना होने से या तो ग्राहक उन्हें व्यक्तिगत रूप से पसंद नहीं करेंगे या फिर उनसे डील ही नहीं करेंगे जिससे व्यापारी बंधुओ को नुकसान उठाना पड़ सकता है ।

क्योंकि दूसरे व्यापारियों के पास उसी प्रोडक्ट या सर्विस के साथ ही व्यवहार कुशलता और विनम्रता भी है तो ग्राहक उनके पास जाना ज्यादा पसंद करेंगे ।

यदि ग्राहकों को आपके व्यवहार में अहंकार, घमंड, अकड़ या रूखापन नजर आता है तो वे आपसे जुड़ने की बजाय निश्चित रूप से आपके प्रतिस्पर्धियों के पास जाना बेहतर समझेंगे । अतः **कारोबार की दुनिया में प्रयास करिए कि विनम्रता आपका व्यवहार ही नहीं, स्वभाव भी बनें ।**

व्यापार में अपनी परछाई पर भी विश्वास ना करें

जहां व्यापार होगा वहां पैसा होगा और जहां पैसा होगा वहां कई लोगों की नीयत भी खराब हो सकती है, अतः व्यापार में अपनी परछाई पर भी विश्वास ना करें । क्योंकि अधिकांश मामलों में यह देखा गया है कि लोग लालच में आकर स्वार्थी हो जाते हैं और **"करीबी दोस्त, रिश्तेदार या पार्टनर को भी धोखा देने से नहीं चूकते"** । ज्यादातर स्थितियों में कोई आपका अपना (अत्यधिक विश्वासपात्र) ही विश्वासघात करता है ।

अतः व्यापार में सजग तो रहना ही होगा साथ ही पैसों से संबंधित निर्णय लेते वक्त किसी पर भी पूर्ण विश्वास ना करें । इसके अलावा कुछ ऐसे कार्य हैं जिन्हें आप स्वयं करें या फिर सतर्कतापूर्वक करवाएं, जैसे बैंकिंग, एकाउंटिंग, स्टॉक, कैश, खरीदी और बिक्री आदि चीजों में आपका नियंत्रण होना जरूरी है।

एक कहावत है कि "जब इंसान का इंसान से विश्वास कम हुआ तब दरवाजे का जन्म हुआ, उस विश्वास पर आघात हुआ तब ताले का जन्म हुआ, और जब विश्वास पूरा मर गया, तब सी.सी.टीवी का जन्म हुआ"।

लागतों पर नजर रखेंगे तो मुनाफा अपनी परवाह स्वयं कर लेगा

व्यापार शुरू करने के लिए लागत की जरूरत पड़ती है और लागत (इन्वेस्टमेंट) किसी भी रूप में हो सकती है। जैसे प्रॉपर्टी खरीदना या किराए पर लेना व डिपाजिट इत्यादि, इसके अलावा इंफ्रास्ट्रक्चर में फर्नीचर, इलेक्ट्रॉनिक उपकरण एवं मूलभूत सुविधाएं आदि में इन्वेस्टमेंट करना पड़ता है एवं प्रोडक्ट खरीदने में भी लागत लगती है। अतः आपके व्यापार में जो लागत लग रही हैं उसपर आपको नजर रखना जरूरी है। मान लें कि आप जो व्यापार शुरू करने जा रहें हैं उसकी अनुमानित लागत 10 लाख रु. है। लेकिन आपकी लापरवाही या अनदेखी से यही लागत 12 या 13 लाख रु. तक भी जा सकती है। यदि आप सही कैलकुलेशन से चलें और थोड़ी दौड़धूप या परिश्रम करें, तो वही लागत कम होकर 7 या 8 लाख रु. तक भी आ सकती है।

उसी तरह व्यापारियों को बिक्री के लिए सामान खरीदते वक्त अपने विवेक से तर्कसंगत निर्णय लेना होगा, जिसमें उनका उद्देश्य कम कीमतों पर खरीददारी करने के साथ ही व्यापार की लागत को कम से कम रखना होना चाहिए, ताकि रोटेशन के महत्त्व को समझकर उसका इस्तेमाल करते हुए कम लागत में वे ज्यादा मुनाफा कमा सकें। इसी तरह आप भी **"व्यापार में लगने वाली लागतों को 50% तक कम कर सकते हैं"**। अतः कहने का तात्पर्य यह है कि यदि आप लागतों पर पैनी नजर रखेंगे तो मुनाफा अपनी परवाह स्वयं कर लेगा।

कारोबार में दरअसल सुखी वही है
जिस पर कोई कर्ज नहीं है

"कर्ज भरा जीवन कभी भी आपको वास्तविक खुशियां, सच्चा सुख और मन की शांति नहीं दे सकता" । अतः कोशिश कीजिए कि आपके ऊपर कोई कर्ज ना हो, जिसके कारण आपकी मेहनत की कमाई का बड़ा हिस्सा बैंक की किश्तें भरने में ना चला जाए । और खासकर दायित्व के लिए कभी भी कर्ज ना लें तो बेहतर होगा । अगर जरुरत पड़े तो संपत्ति के लिए कर्ज लिया जा सकता है, जिसे कम समयावधि के लिए लें और जितना जल्दी हो सके लौटा दें ।

दरअसल **'दायित्व'** वे चीजें होती हैं जो आपके जेब से पैसे निकालती हैं, जैसे स्वयं के इस्तेमाल के लिए खरीदी गई **बाइक, कार, इलेक्ट्रॉनिक उपकरण,** (Gadget) मोबाइल आदि...

जबकि **'संपत्ति'** वे चीजें होती हैं जो आपके जेब में पैसे डालती हैं, जैसे जमीन, इमारत (मकान / दुकान / ऑफिस / गोदाम / शोरूम) जहां से किराया मिल रहा हो या सोना (बिना आभूषण के रूप में) जिसकी लगातार कीमतें बढ़ रही हैं । अतः जितना हो सकें कर्ज से बचें और दायित्व में नहीं बल्कि संपत्ति में इन्वेस्ट करें ।

आलोचना करना मूर्खों का काम है,
प्रशंसा के लिए बुद्धि चाहिए

व्यापार में यह भी बहुत मायने रखता है कि आप अपने विरोधियों एवं प्रतिस्पर्धियों के बारे में कैसे शब्दों का इस्तेमाल करते हैं, इसलिए अपने प्रतिस्पर्धियों, दोस्तों और दूसरे व्यापारियों की आलोचना कभी ना करें । क्योंकि पीठ पीछे उनकी आलोचना करने से वे लोग बुरे नहीं कहलाएंगे, बल्कि सुनने वालों को आपका आचरण, व्यवहार या चरित्र खराब लग

सकता है । लोगों को ऐसा भी लग सकता है कि आप दूसरों में सिर्फ बुराईयां ही ढूंढते रहते हैं । क्योंकि कहते हैं कि **"दूसरों की प्रशंसा करने के लिए बुद्धि व हृदय की विशालता की जरूरत होती है, आलोचना तो अनपढ़ लोग भी कर देते हैं"** । इसलिए आप दूसरों की आलोचना करने से बचें और हो सके तो उनकी प्रशंसा जरूर करें, क्योंकि इससे ना सिर्फ आपकी वैल्यू बढ़ेगी, बल्कि आप एक बुद्धिमान व्यक्ति के रूप में अपनी अच्छी छबि बना पाएंगे ।

यदि आपको किसी की गलती या बुरी आदत के लिए उसे टोकना ही पड़े तो सार्वजानिक रूप से न कहकर उसे अकेले में कहें, जिससे उसके आत्मसम्मान को ठेस ना पहुंचे और उस बात को वह नेक सलाह के रूप में स्वीकार कर आपको अपना शुभचिंतक समझे । अतः जितना हो सके दूसरों के लिए अपने श्रीमुख से प्रशंसा भरे शब्द ही निकालिए ।

रोज आठ घंटे वर्तमान के लिए और ऊपर के सभी घंटे भविष्य के लिए

अक्सर लोग भ्रमित रहते हैं कि व्यापार में रोज कितने घंटे काम करना चाहिए ?

एक सर्वे के अनुसार ज्यादातर लोग सरकारी नौकरी करने के बाद जब स्वयं का व्यापार शुरू करते हैं तो रोज आठ घंटे काम करना उनके लिए कठिन हो जाता है, क्योंकि पहले शायद उन्होंने रोज इतना काम ना किया हो ।

जिन लोगों ने प्राइवेट नौकरी की है तो हो सकता है कि उन्हें रोज आठ घंटे काम करने की आदत रही भी हो... लेकिन वे व्यापार में सिर्फ आठ घंटे ही काम करेंगे तो समझ लीजिए कि वे वर्तमान के लिए ही काम कर रहे हैं । क्योंकि यदि वे व्यापार को बढ़ाना चाहते हैं तो रोज आठ की बजाय कम से कम बारह घंटे या आवश्यकतानुसार शुरुआत में उन्हें अधिकतम चौदह से सोलंह घंटे भी काम करना पड़ सकता है । जिसमें आपका उद्देश्य ज्यादा से ज्यादा प्रोडक्टिविटी लाना होना चाहिए क्योंकि **"हर दिन सिर्फ दो घंटे**

अतिरिक्त काम करने से आपको दो गुना ज्यादा परिणाम मिल सकते हैं” । विश्व के सभी सफल व्यापारियों ने अपने काम करने के समय और प्रोडक्टिविटी को बढ़ाकर ही सफलता पाई है । अतः थोडा ज्यादा समय देने से आपको भी कुछ ही समय में बेहतर परिणाम मिलने लगेंगे ।

बार-बार आने वाले ग्राहकों को भी उतने ही उत्साह से अटैंड कीजिए

आमतौर पर कुछ व्यापारियों से यह गलती हो जाती है कि नए ग्राहक तो उन्हें अच्छे लगते हैं, लेकिन बार-बार वही ग्राहक आते हैं तो वे उनसे बोर होने लगते हैं और उन्हें उतने उत्साह से अटेंड नहीं करते । इस वजह से पुराने ग्राहकों को लगता है कि अब उन्हें पहले जैसा सम्मान नहीं दिया जा रहा है ।

वे यह समझने लगते हैं कि दुकान रूपी ससुराल में **“फूफाजी” (भूतपूर्व दामाद)** की अब उतनी इज्जत नहीं रही जितनी **“नए दामाद” (जीजाजी)** की है ।

परिणामस्वरूप वे दूसरी जगह से सामान लेने लगते हैं, जो आपकी बिक्री को कम कर सकता है । कुछ व्यापारी उन ग्राहकों के साथ उतने उत्साह से डील इसलिए भी नहीं करते क्योंकि उन्हें लगता है कि ये लोग तो लगभग रोज ही मुझसे सामान खरीदते हैं और कहां जाएंगे मेरे बिना । ऐसे व्यापारी बार-बार आने वाले ग्राहकों को **“घर की मुर्गी दाल बराबर”** समझ लेते हैं, लेकिन ऐसा नहीं होना चाहिए । अतः आप भी अपने पुराने ग्राहकों को महत्त्व दीजिए ताकि वे उनके सम्मान में कमी महसूस ना करें और लगातार आपसे जुड़े रहें ।

जादू भरे बोल आपको 'बहुत बहुत धन्यवाद'

किसी भी चीज को पाने के लिए **'कृतज्ञता'** से बढ़कर कुछ नहीं है, और जब **'कृतज्ञता'** की बात आती है तो सबसे असरदार व प्रभावशाली शब्द है, आपको **"बहुत बहुत धन्यवाद"** यह शब्द आप अपने पड़ोसियों, दोस्तों, ग्राहकों, वेंडर, सप्लायर, डिस्ट्रीब्यूटर से कहना शुरू कर दीजिए और फिर आप देखेंगे कि इस शब्द ने जादू कर दिया है ।

लोग इस शब्द को सुनने को बेताब हैं, इस शब्द के बदले वे आपके ऋणी हो जाते हैं, और ना सिर्फ इंसान, बल्कि आप सुबह से लेकर शाम तक हर पल ईश्वर को 'धन्यवाद' दे सकते हैं । क्योंकि **"आपके शब्द ही आपकी मास्टर कुंजी है, यह दिलों के दरवाजे खोल भी सकते हैं और लोगों के मुंह पर ताले लगा भी सकते हैं"** अतः जितना हो सके अपनी कृतज्ञता जाहिर करते रहिए, क्योंकि ईश्वर ने आपको ना जाने कितनी **'नियामतें'** दे रखी हैं... आप चाहें तो स्वास्थ्य, सफलता, परिवार, देश, प्रकृति, स्वतंत्रता, सुविधा आदि हर बात के लिए ईश्वर को **'धन्यवाद'** दे सकते हैं । जैसे ही आप इस शब्द का अधिकाधिक इस्तेमाल करना शुरू करेंगे आप सफलता की तरफ तेजी से बढ़ते चले जाएंगे ।

व्यापार में सफलता तब मिलती है जब 'अवसर' और 'तैयारी' का मिलन हो

आपके सामने चाहे कितना ही बड़ा अवसर क्यों ना हो लेकिन इससे आपकी सफलता निश्चित नहीं होती । क्योंकि यदि आपकी तैयारी ही नहीं है तो अवसर होने पर भी आप उसका लाभ नहीं उठा पाएंगे और वैसे भी **"अवसर 'सूर्योदय' की तरह होते हैं, ज्यादा देर करेंगे तो आप उन्हें गवा देंगे"** । सफलता तब भी नहीं मिलेगी जब आप मानसिक, शारीरिक और आर्थिक रूप से तो तैयार हैं, लेकिन आपके सामने कोई अवसर ही ना हो, इसलिए व्यापार में सफलता के लिए दोनों परिस्थितियां अनुकूल होनी चाहिए । अतः **"इस बात का इंतजार ना करें कि अवसर आपका दरवाजा**

खटखटाएगा, क्योंकि अवसर दरवाजे पर दस्तक देकर नहीं आता, बल्कि बाहर निकलकर आपको उसकी तलाश करनी होती है" । साथ ही किसी भी अवसर का उचित लाभ लेने के लिए आपको पहले से तैयारियां करके रखनी होगी ।

जैसे...

✓ आर्थिक तैयारी- पहले से बचत करके पर्याप्त पैसों का इंतजाम करके रखना ।
✓ मानसिक तैयारी- अनुभव, योग्यता और इच्छा शक्ति के साथ तैयार रहना ।
✓ शारीरिक तैयारी- स्वयं को फिट एवं स्वस्थ रखना होगा ताकि कड़ी मेहनत और ज्यादा एनर्जी की जरूरत पड़ने पर भी आप सक्षम रहें ।

इसके बाद ही आप व्यापार में अवसरों का सही लाभ ले पाएंगे ।

व्यापार शुरू करने के लिए उम्र का कोई बंधन नहीं होता

"उम्र थका नहीं सकती, ठोकरे गिरा नहीं सकती, अगर जिद है जीतने की, तो हार भी हरा नहीं सकती" । अधिकांश लोग यह मानते हैं कि व्यापार शुरु करने के लिए 20 से 30 वर्ष की उम्र सही होती है और 20 वर्ष की उम्र से पहले व्यापार शुरू करके एक सफल व्यापारी नहीं बना जा सकता एवं 30 के बाद तो अपेक्षाकृत कठिन हो जाता है । यदि लोगों की माने तो 50 के बाद असंभव है और 60 के बाद तो सोचना ही गलत है ।

लेकिन वास्तव में देखें तो ऐसे हजारों उदाहरणों से दुनिया भरी पड़ी है, जिसमें लोगों ने 13, 14 या 15 वर्ष की उम्र में भी व्यापार शुरू करके नए कीर्तिमान बनाए हैं । 30 वर्ष के बाद तो छोड़िए, कई लोग ऐसे भी हैं, जिन्होंने 60, 70, 80 और 90 वर्ष की उम्र में भी पूरे जोश के साथ व्यापार शुरू किया और सफलतापूर्वक चलाया भी है, और तो और 96 वर्ष की उम्र में भी अपना नया व्यापार शुरू किया है जिसमें न वे सिर्फ सफल हुए बल्कि सफलता की नयी परिभाषा भी लिख दी । अतः आप चाहें तो किसी भी उम्र में व्यापार शुरू कर सकते हैं क्योंकि इसमें उम्र कभी आड़े नहीं आती, हो सकता है कि **"ज्यादा उम्र में एनर्जी भले ही कम रहे लेकिन अनुभव का पलड़ा भारी ही रहेगा"** । वैसे भी व्यापार शुरू करने के लिए 'इच्छा शक्ति'

सबसे महत्वपूर्ण है, फिर संसाधनों की व्यवस्था तो आखिरकार हो ही जाती है ।

बिना जहर वाले सांप भी अपना फन दिखाते हैं

व्यापार में आपको सबसे ज्यादा जिस स्किल की जरुरत पड़ेगी वह है "People Handling Skill", याने आपमें यह कला होनी चाहिए कि आप लोगों को उनके काम, प्रतिष्ठा, पद, उम्र, प्रतिभा और उपलब्धियों के आधार पर हैंडल कर सकें, और उनकी नजरों में आपकी छबि एक विवेकशील, समझदार व संतुलित व्यक्ति के रूप में बनी रहे । क्योंकि यदि आप लोगों को सीधे, सरल और नरम चारा के रूप में नजर आएंगे तो हो सकता है कि लोग आपको सीधा निगल जाएं । वैसे सीधा या सरल होना गलत नहीं है परंतु ऐसा होने पर दूसरे लोग यदि आपको नुकसान पहुंचाने लगें या फिर उनके फायदे के लिए आपका इस्तेमाल करने लगें तो ऐसे सीधेपन का क्या फायदा । अतः इस बात का ध्यान रखें कि भले ही आप सीधे और सरल बने रहें लेकिन दूसरों को इसका अहसास ना होने दें ।

क्योंकि आपने देखा होगा कि **"एक सांप जिसके अंदर जहर नहीं है फिर भी वह दूसरों को डराने और स्वयं को बचाने के लिए फन तो दिखाता ही है"** । तो बस आपको भी कुछ ऐसा ही करना होगा, ताकि लोग आपके सीधेपन का फायदा ना उठा पाएं।

कर्मचारी ऐसे हों जो कंपनी के हित में स्वयं का हित ढूंढे

कर्मचारियों की नियुक्ति करते वक़्त आपको ध्यान रखना होगा कि वे वफादार व ईमानदार होने के साथ ही आपकी कंपनी के हित में अपना हित देखें । कई बार ऐसे कर्मचारी मिल भी जाते हैं और कई बार नियुक्त करने के बाद उन्हें कंपनी के अनुरूप ढालना पड़ता है । क्योंकि कर्मचारी यदि कंपनी

के फायदे से अपना फायदा जोड़कर देखेंगे तो उनका हर कदम आपकी कंपनी के हित में होगा । लेकिन ऐसा नहीं हुआ और उन्होंने सिर्फ उनका ही फायदा देखना शुरू कर दिया तो पहले आप उन्हें एक या दो चेतावनी दें लेकिन फिर भी सुधार ना हो तो समझ लीजिए कि ऐसे कर्मचारियों को बदलने का वक्त आ गया है ।

क्योंकि ऐसे कर्मचारी जिन्हें आप नौकरी दें, टाइम पर सैलरी दें, उनकी ग्रोथ के लिए प्रमोशन व सैलरी में इन्क्रीमेंट करें एवं ट्रेनिंग आदि देकर उन्हें बेहतर बनाने के प्रयास भी करें । फिर भी यदि वे आपकी कंपनी की कोई परवाह नहीं करते हैं, तो ऐसे कर्मचारियों को कंपनी में रखने से आपका ही नुकसान होगा । अतः ऐसे कर्मचारियों को जल्दी से बाहर का रास्ता दिखाने में ही ऑर्गेनाइजेशन की भलाई है ।

अब आपको नींदें छोटी और रातें लंबी करनी होगी

कहावत है कि **"जब तक काम के लिए रातें ना जागो, नसीब नहीं जागता"** । अतः हो सकता है कि आपको देर रात तक अपने ऑफिस, शोरूम या शॉप में काम करने की वजह से अपनी नींद के साथ समझौता करना पड़े । याने पहले आप आठ या नौ घंटे की नींद लेते थे, तो हो सकता है अब आपको छः या सात घंटे की नींद से ही काम चलाना पड़े । जिसमें नींद से बचाए हुए कीमती समय का इस्तेमाल आप अपने व्यापार को बेहतर बनाने के लिए कर सकते हैं । शुरुआत में कोई भी व्यापार आपसे ज्यादा समय की मांग करेगा इसलिए आपको भी अपने व्यापार को ज्यादा समय देना होगा और वह समय देर रात वाला भी हो सकता है और सूर्योदय के पहले वाला भी ।

क्योंकि इन दोनों ही समय में आपको दूधवाला, कचरेवाला, काम वाला / वाली, न्यूज़पेपर या सब्जी वाला...जैसे लोग डिस्टर्ब नहीं करेंगे, याने आपके काम में कहीं से कहीं तक कोई व्यवधान या दखलंदाजी नहीं होगी जिससे आप अपने काम को एकाग्रचित होकर बेहतर अंजाम दे सकेंगे । वैसे भी

"अपने सपनों को सफल बनाने के लिए बातों से नही, बल्कि रातों से लडना पड़ता है" ।

समुद्र मंथन में भी अमृत के पहले विष ही आया था

समुद्र मंथन से यह बात सीखने को मिलती है कि आशानुरूप परिणाम के लिए लगातार प्रयास एवं परिश्रम कितना महत्वपूर्ण है । दूसरी गौर करने वाली बात यह है कि समुद्र मंथन में अमृत से पहले विष का आना इस बात का संकेत है कि अब अमृत आने वाला है, गुलाब के पौधे में काँटों का आना इस बात का संकेत है कि अब फूल खिलने वाला है । ठीक उसी तरह हमारे जीवन में भी दुख का आना इस ओर इशारा करता है कि इसके बाद अब सुख भी आएगा याने जब तक आप परिश्रम करते रहेंगे, सफल होते रहेंगे । अतः लगातार प्रयास करते रहें और मंथन को बंद ना करें यही जीवन का क्रम है । क्योंकि **"रावण आया तो श्रीराम के आने की संभावना बनी, कंस आया तो पक्का है कि श्रीकृष्ण भी आएंगे"** ।

अतः आप भी अपने कर्तव्यों से विमुख ना हो और समुद्र मंथन रूपी प्रयास निरंतर जारी रखें, तभी आपको सफलता मिलेगी । क्योंकि ज्यादातर लोग सामने का क्षणिक अंधकार देखकर रूक जाते हैं, जबकि वे अंधकार के बाद आने वाला शानदार उजाला नहीं देख पाते ।

हेल्थ और फिटनेस

यदि आप अस्वस्थ हैं तो दुनिया भर की दौलत, शोहरत और विलासिता दे दी जाए तब भी उसका कोई मोल नहीं रहेगा । एक कहावत है कि **"पहला सुख निरोगी काया"** । पहला सुख है आपके शरीर का स्वस्थ रहना, क्योंकि शरीर स्वस्थ होगा तभी आप पूरी एनर्जी, जोश, उमंग व उत्साह के साथ व्यापार करते हुए जीवन का आनंद भी ले पाएंगे और रिश्तों को भी संभाल

पाएंगे । क्योंकि यदि आप शारीरिक रूप से स्वस्थ हैं तो व्यापार से संबंधित हरेक निर्णय समय पर ले पाएंगे एवं काम भी अच्छे से कर पाएंगे ।

विश्व के किसी भी उद्योगपति या सफल व्यक्ति की दिनचर्या देख लीजिए, वे रोज सुबह जल्दी उठकर कम से कम एक घंटा अपनी सेहत को जरूर देते हैं । चाहे योग प्राणायाम हो या जिम / रनिंग / मॉर्निंगवाक / आउटडोर गेम आदि... साथ ही वे हर दिन हेल्दी डाइट भी लेते हैं क्योंकि हमारे शरीर को स्वस्थ रखने के लिए प्रतिदिन व्यायाम, सही भोजन और पर्याप्त नींद इन तीनों की जरुरत होती है । जिसमें भोजन के लिए एक कहावत भी है कि **"यदि आप बीमारों जैसा खाएंगे तो स्वस्थ रहेंगे और स्वस्थ जैसा खाएंगे तो बीमार रहेंगे"** । यहां पर बीमारों जैसे खाने का मतलब वास्तव में किसी मरीज के खाने से नहीं, बल्कि ताजे, हल्के और सुपाच्य खाने से है जैसे दूध, दहीं, पनीर, दलिया, ताजे फल, हरी सब्जियां, सलाद एवं सूखे मेवे इत्यादि ।

व्यापार चले या ना चले, तीन साल तो चलाना ही है

जीवन की ही तरह व्यापार में भी **"वह दिन कभी नहीं आएगा, जब सब ठीक हो जाएगा"** । क्योंकि अक्सर जब हम एक समस्या का समाधान निकालते हैं तो दूसरी समस्या खड़ी हो जाती है । याने जब तक जीवन रहेगा तब तक समस्याएं तो रहेगी और व्यापार है तो चुनौतियों का सामना भी करना पड़ेगा ।

और जब हम नया व्यापार शुरू करते हैं तो एक बड़ी समस्या सामने आती है कि कितने महीनों या सालों तक अपने व्यापार को चलाए रखें ताकि व्यापार स्वतः गति पकड़ ले और मुनाफा भी देने लगे । इसके लिए लोग उनका कैलकुलेशन भी शानदार करते हैं और प्लानिंग भी । उसके बावजूद वे तीन या छः महीने बाद हार मान लेते हैं । कुछ लोग ऐसे भी हैं जो साल भर भी खींच लेते हैं फिर यह सोचकर व्यापार को छोड़ देते हैं कि या तो उन्हें व्यापार करना नहीं आता या फिर उन्होंने गलत व्यापार चुन लिया है । **"बहाने या कारण अनेक हो सकते हैं"** । लेकिन आपका व्यापार चले या ना चले, बिक्री या मुनाफा हो या ना हो, फिर भी आपको अपने व्यापार को कम से कम तीन साल चलाना ही है । ताकि आप समझ सकें कि किन तरीकों से व्यापार चलता है और किन वजहों से व्यापार नहीं चल पाता है ।

व्यापार में सफलता दृढ़ संकल्प से आती है

अगर आप भी किसी व्यापारी की सफलता से प्रेरित होकर स्वयं का व्यापार शुरू करने जा रहे हैं, तो हो सकता है कि आपको कुछ समय बाद उस व्यापार को बंद करना पड़े। कारण अनेक हो सकते हैं... लेकिन यदि आपके अंदर संकल्प शक्ति है तो फिर आपको व्यापार में आगे बढ़ने और सफल होने से कोई नहीं रोक सकता। व्यापार में सफलता की जितनी भी कुंजी है, उनमें **"सबसे महत्वपूर्ण कुंजी आपकी संकल्प शक्ति ही है"**।

अतः आप भी यदि दृढ़ संकल्प के साथ व्यापार की शुरुआत करेंगे तो फिर कोई भी व्यक्ति चाहे कितनी भी रुकावटें डालें, किसी भी प्रकार की पारिवारिक, सामाजिक, आर्थिक, शारीरिक, मानसिक या फिर भौगोलिक परेशानियां आए, फिर भी ना तो आप रुकेंगे और ना ही हार मानेंगे। क्योंकि आपने व्यापार में सफल होने का **"दृढ़ संकल्प"** जो लिया है, और वैसे भी **"जब ज़िद हो जीतने की, तब घाव मायने नहीं रखते"**।

अंत को सामने रखकर काम शुरू करें

लोगों को पैसे कमाने की इतनी जल्दी पड़ी रहती है कि वे आनन फानन में कोई भी काम शुरू कर देते हैं या शार्ट कट से पैसे कमाने की कोशिश करते हैं। यहां तक कि वे असामाजिक और गैरकानूनी तरीके भी अपना लेते हैं। अतः व्यक्तिगत रूप से मेरा यह मानना है कि ऐसे तरीकों से भले ही आप जल्दी पैसे कमा लें, परंतु ऐसे व्यापार का अंजाम के बारे में कभी सोचा है?

क्योंकि **"यदि आप गलत हैं तो लाख छुपा लें आखिरकार एक दिन आपकी पोल खुल ही जाएगी"**। उस दिन आप आसमान से ना सिर्फ जमीन पर वापस आएंगे, बल्कि माइनस में भी जा सकते हैं, उस पर चौबीसों घंटे डर के साए में रहेंगे और शायद ही कभी उन पैसों का उपभोग कर पाएंगे, फिर ऐसे में ना ही आपको आत्मसंतुष्टि मिलेगी और ना ही स्वयं

की नजरों में सफल बन पाएंगे । अतः किसी भी कार्य या व्यापार की शुरुआत उसके अंत को सामने रखकर ही करें ।

काम करने के तरीकों में सफलता और असफलता का राज छुपा है

कुछ लोग ऐसे होते हैं जो मिट्टी को भी सोना बना देते है और कुछ ऐसे भी होते हैं जिन्हें सोना, चाँदी, हीरे, मोती भी दे दिए जाएं तो वे उसे भी मिट्टी बना देंगे । याने कुछ मुलभूत गुण, स्किल, आदतें और कार्यशैली ऐसी होती हैं जो सफलता के लिए जरुरी हैं, जैसे...

➢ समय की पाबंदी ।
➢ ईमानदारी, वफादारी व समर्पण ।
➢ योग्यता, अनुभव और मेहनत ।
➢ अनुशासन, वचनबद्धता व निरंतरता ।
➢ इंटरपर्सनल स्किल, कम्युनिकेशन स्किल व ओनरशिप ।
➢ व्यवहारकुशलता, चरित्र व आचरण ।
➢ भरपूर उर्जा एवं सकारात्मक दृष्टिकोण ।

यदि किसी में उपर्युक्त क्वालिटी है तो उसे देखकर कोई अनजान व्यक्ति भी बता देगा कि वह सफल इंसान है । इसके विपरीत ही अगर किसी व्यक्ति में **काम टालना, आलस्य, धोखा, ईर्ष्या, छल-कपट, झूठ, अति चालाकी, स्वार्थपूर्ण रवैया एवं बेईमानी** आदि है, तो ऐसे लोग जल्दी ही असफल हो जाते हैं या लंबे समय तक कामयाब नहीं रह पाते हैं ।

सौदेबाजी की टेबल से उठ जाइए, लेकिन गुस्से में नहीं

किसी भी व्यापार में खरीदी और बिक्री दोनों ही महत्वपूर्ण है । बल्कि बिना खरीदी और बिक्री के तो शायद ही कोई व्यापार होता होगा । हो सकता है कि जहां से आप खरीदी करते हैं वहां पर अंतिम निर्णय आपके हाथों में ना हो । क्योंकि फाइनल रेट्स अक्सर वेंडर, सप्लायर या कम्पनी ही निर्धारित करती है ।

लेकिन जिन ग्राहकों को आप माल बेचेंगे, वहां निश्चित रूप से मोलभाव या सौदेबाजी होगी । अतः सबसे पहले आपको यह समझना होगा कि सौदेबाजी Negotiation और मोलभाव Bargaining में क्या फर्क है ?

वास्तव में देखा जाए तो दोनों में काफी फर्क होता है । जैसे कि मोलभाव में सिर्फ पैसा शामिल होता है जिसमें चीजों के भाव को कम या ज्यादा करने की बातें होती हैं । लेकिन सौदेबाजी में कीमत के साथ ही कुछ शर्तें, नियम और पॉलिसी भी हो सकती है । बस एक छोटा, लेकिन महत्वपूर्ण नियम याद रखने से आपको बेहतर परिणाम मिलेंगे, जैसे कि **"जब भी कोई आपसे ज्यादा मोलभाव या सौदेबाजी करे तो वहां से उठ जाइए, ताकि सामने वाले को यह मैसेज जाए कि आपके लिए उनकी शर्तों पर डील कर पाना संभव नहीं है"** परंतु आपको गुस्से में नहीं उठना है अन्यथा डील कैंसिल भी हो सकती है ।

अगर मैं नहीं कर पाया तो कोई दूसरा भी नहीं कर पाएगा

व्यापार शुरू करने से पहले आपको अपने दिमाग में एक बात डालना पड़ेगा कि... यदि इस व्यापार को मैं नहीं चला पाया तो फिर कोई दूसरा भी नहीं चला पाएगा । ऐसा सोचने के पीछे मनोवैज्ञानिक कारण यह है कि जब भी कोई व्यक्ति अपने मन में ठान लेता है तो वह उसे पूरा जरूर करता है । उसी तरह आप स्वयं से वादा करें कि मैं किसी से कमजोर नहीं हूं और जो भी इस व्यापार के लिए जरूरी है उसके लिए मैं तत्पर हूँ, जैसे...

✓ नियम- खेल के ही नियमों जैसे व्यापार के भी सभी नियमों का पालन ।

✓ पॉलिसी- सुचारू रूप से चलाने के लिए पॉलिसी बनाकर पालन करना
   ।
✓ स्किल- कम्युनिकेशन, इंटरपर्सनल व पीपुल हैंडलिंग स्किल सीखना ।
✓ इन्वेस्टमेंट- इंफ्रास्ट्रक्चर व सामान के लिए रुपयों की व्यवस्था ।
✓ मेहनत- व्यापार के अनुरूप कड़ी मेहनत ।
✓ दिशा- सही दिशा में कार्य करना ।
✓ अनुशासन- सभी कार्यों में अनुशासन ।
✓ समर्पण- आवश्यकता अनुसार कार्य में समर्पण ।
✓ फोकस- स्वयं को कार्य में केन्द्रित रखना ।
✓ समय- शुरू में प्रतिदिन बारह से चौदह घंटे समय देना ।

अतः लक्ष्य को पाने के लिए आपको ही बदलना पड़ेगा क्योंकि **"ये हवाएं, मौसम, सर्दी, बारिश, धूप या लोग, इनका बर्ताव आपके प्रति कभी नहीं बदलने वाला है, यदि सफल होना है तो आपको ही बदलना होगा"**। यदि आपने स्वयं को व्यापार के अनुरूप ढाल कर नहीं चलाया तो शायद कोई भी नहीं चला पाएगा ।

99% लोग अवसरवादी हैं, उनसे सिद्धांतवादी होने की उम्मीद ना रखें

क्योंकि ऐसे लोग हर समय स्वयं के फायदे के अनुरूप ही कार्य करते हुए मिलेंगे और **"उनका सबसे बड़ा नियम यह होता है कि उनका कोई नियम ही नहीं होता"**। इसलिए जहां भी वे स्वयं का फायदा देखते हैं उसी तरफ उनके तराजू का पलड़ा झुक जाता है और वे सही-गलत, उचित-अनुचित या नैतिक-अनैतिक बिल्कुल नहीं सोचते । यहां तक कि वे अपनी इज्ज़त की परवाह भी नहीं करते ।

किसी ने सच कहा है कि **"ये मौकापरस्तों की दुनिया है साहब, आज यहां तो कल वहां हैं"**। अत: ऐसे लोगों से मिलकर ज्यादा आश्चर्य ना करें बल्कि सतर्कता और सावधानी बरतते हुए उनके साथ व्यापार करें । हो सकता है कि आपको कुछ सिद्धांतवादी लोग भी मिलें, जो कि समाज और

कानून के मान्य सिद्धांतों के अनुसार व्यवहार या आचरण करने वाले होते हैं और स्वयं के फायदे के लिए दूसरों को कभी नुकसान नहीं पहुंचाते । लेकिन उनकी तादाद 1% से भी कम होगी । इसलिए अवसरवादी लोगों से सतर्क रहें और हो सके तो सिद्धांतवादी लोगों को अपने साथ जोड़े रखें एवं उन्हें अहमियत दें ।

'व्यवहारिक समस्याएं' और 'व्यापारिक समस्याएं' दोनों में अंतर है

व्यापार में आने वाली समस्याओं को हम दो हिस्सों में बाँट सकते हैं ।

व्यापारिक समस्याएं :-

ये व्यापार से जुड़ी वे समस्याएं हैं जिनका संबंध टैक्स, बैंक, प्रोडक्ट, सर्विस, बाजार, कर्मचारी, प्रतिष्ठान, डिमांड, बिक्री, डिस्काउंट, ऑफर, इन्वेस्टमेंट, प्रॉफिट, प्रोडक्टिविटी, स्टॉक, वेंडर, सप्लायर, सीजन, प्रतिस्पर्धा और ग्राहक आदि से होता है ।

व्यवहारिक समस्याएं :-

व्यवहारिक समस्याएं वे हैं जिनका संबंध काम टालना, शिक्षा, अनुभव, आलस्य, इच्छाशक्ति, अनुशासन, निरंतरता, संगति, दिशा, नकारात्मकता, कम्फर्ट जोन, आचरण, व्यवहार या चरित्र से होता है ।

अतः आपको समझना होगा कि ये 'व्यापारिक समस्याएं' हैं या 'व्यवहारिक समस्याएं' । क्योंकि समस्या की असली वजह जाने बिना उस समस्या का समाधान करना संभव नहीं होगा ।

कर्मचारियों की नियुक्ति करते समय प्रतिस्पर्धियों के कर्मचारी को वरीयता दें

व्यापार में आपको अनुभवी और योग्य कर्मचारियों की जरुरत तो पड़ेगी ही । अतः ऐसी परिस्थिति में आपके सामने दो विकल्प होंगे, पहला यह कि आप फ्रेशर (बिना अनुभव के) लोगों को नियुक्त करें । लेकिन ऐसे में आपको नए कर्मचारियों को ढूँढकर उन्हें काम सिखाने आदि में समय भी लगेगा और हो सकता है कि वे काम सीखने के कुछ दिनों बाद आपकी कंपनी को छोड़ के चले जाएं, याने आपकी मेहनत, समय और ऊर्जा सब व्यर्थ... अतः कोशिश कीजिए कि प्रतिस्पर्धी के अनुभवी कर्मचारी को नियुक्त करें । इससे यह फायदा होगा कि उन्हें हर काम को नए सिरे से सिखाने की जरुरत नहीं पड़ेगी क्योंकि वे इस तरह के कार्यों को अंजाम देना पहले से जानते हैं ।

दूसरा फायदा यह होगा कि वे उनके पुराने ऑर्गेनाइजेशन की अच्छाईयां और कमियां दोनों ही आपको बताएंगे, जिससे आपको व्यापार विस्तार में काफी मदद मिलेगी एवं **"सामने वाले की चाल को समझकर, आप अपनी चाल चल सकते हैं"** । उनका मार्केट शेयर भी ले सकते हैं और उनकी कमजोरियों को अपनी कंपनी की कमजोरी बनने से रोक सकते हैं । साथ ही उनकी कुछ अच्छी प्रैक्टिस को अपने व्यापार में शामिल भी कर सकते हैं ।

व्यापार में ना धोखा खाना है, ना ही धोखा देना है

कुछ लोगों को ऐसा लगता है कि वे इतने चालाक हैं कि उन्हें कोई धोखा नहीं दे सकता, परंतु वे चाहें तो दूसरों को कभी भी धोखा दे सकते हैं । लेकिन ऐसी मानसिकता सही नहीं हैं... दरअसल आपको **"धोखा देना भी नहीं है और धोखा खाना भी नहीं है"**, और इस बात को आप अपना सबसे बड़ा नियम बना लीजिए ।

जिसमें बस आपको प्रोएक्टिव रहना है, सतर्क रहना है ताकि आपको कोई ठग ना सके । साथ ही इस बात का ध्यान रखना है कि आप भी किसी के साथ बेईमानी ना करें । क्योंकि यदि व्यापार में एक बार आपकी इज़्ज़त चली गई तो उसे वापस पाना बेहद मुश्किल होगा, और वैसे भी **"भरोसा स्टीकर के जैसा होता है एक बार उखड़ जाए तो दोबारा पहले जैसा नहीं लगता"** । अतः चतुराई के साथ व्यापार जरूर करें लेकिन दूसरों के साथ बेईमानी नहीं ।

स्टाफ को समय पर पूरी सैलरी दें

स्टाफ से होने वाले सभी फायदों को आप भली-भांति जानते हैं और आपको यह भी मालूम होता है कि आप उनसे क्या चाहते हैं । जैसे व्यापार से संबंधित सभी कार्यों में वे आपकी मदद करें, निष्ठा और लगन से अनुशासित होकर काम करें, रोज समय पर आए और जाएं, आशानुरूप परिणाम दें एवं उनकी प्रोडक्टिविटी भी बेहतर हो आदि ।

उसी तरह आपके कर्मचारी भी आपसे बदले में जो प्रमुख चीज चाहते हैं वो है उनकी सैलरी । वे उम्मीद करते हैं कि उन्हें **"हर महीने पूरी सैलरी निश्चित तारीख पर एक साथ मिले"** । लेकिन कुछ व्यापारी भाईयों से यह गलती हो जाती है कि वे स्टाफ से काम तो पूरा लेते हैं लेकिन सैलरी या तो किश्तों में देते हैं या फिर देरी से । परंतु यहां पर सुधार की आवश्यकता है क्योंकि यदि आप ऐसा करते रहेंगे तो आपको योग्य व काबिल टीम नहीं मिल पाएगी । एवं आपके कर्मचारी लंबे समय तक आपके ऑर्गेनाइजेशन में काम करेंगे या नहीं इस पर भी संशय बना रहेगा और हो सकता है कि वे मन लगाकर काम भी ना कर पाएं । क्योंकि आप उनकी सिर्फ एक जरूरत भी टाइम पर पूरी नहीं करते हैं तो वे आपकी सभी जरूरतों और उम्मीदों को कैसे पूरा करेंगे ।

काम जैसा आप चाहें, दाम जैसा हम चाहें

अधिकतर क्लाइंट आपको ऐसे मिलेंगे जो यह चाहते हैं कि उन्हें अच्छी से अच्छी सर्विस कम से कम दामों में मिल जाए । मतलब वे यह सोचते हैं कि उन्हें जो सर्विस मिल रही है उसके बदले में या तो उन्हें कम पैसे देने पड़े, या फिर उतने ही पैसों में वे आपसे और बेहतर सर्विस ले सकें । तो ऐसी स्थिति में या तो आप परेशान होकर उनकी शर्तें मान लेंगे या फिर उन्हें सर्विस ना देने का मन भी बना सकते हैं । परंतु व्यापार का नियम कहता है कि यह दोनों ही विकल्प उचित नहीं है ।

बल्कि आप उन्हें विनम्रतापूर्वक समझाइए कि जो सर्विस उन्हें मिल रही है वह सर्विस **"वैल्यू फॉर मनी"** (**कीमत की तुलना में सर्विस का स्तर यथोचित**) है और अगर वे इससे बेहतर सर्विस चाहते हैं तो उन्हें ज्यादा पैसे देने पड़ेंगे ।

यदि उनकी उम्मीदें ज्यादा हैं तो फिर जैसी सर्विस वे चाहते हैं उसकी लिस्ट बनाकर आपको दे सकते हैं जिससे आप उस लिस्ट के अनुसार खर्चों एवं अन्य जरुरी चीजों को जोड़कर उन्हें कस्टमाइज़ सर्विस के रेट्स बता सकते हैं । ताकि वे समझ जाएं कि **"वे जैसा काम चाहें तभी मिलेगा, जब उस काम के अनुसार वे दाम देंगे"** ।

अनुभव का योग्यता से कोई लेना देना नहीं है

योग्य होना और अनुभवी होना दोनों ही अलग है...।

दोनों का अपना-अपना महत्त्व है, क्योंकि **"अनुभव अकेला सफलता की जिम्मेदारी नहीं उठा सकता और ना ही योग्यता यह काम अकेले कर सकती है"** । मतलब दोनों का अपना अलग ही स्थान है ।

उदाहरण के लिए आपको तीस वर्षों का मशीनों को ठीक करने का शानदार अनुभव है तो इसका मतलब यह नहीं कि आप इंसानों को भी ठीक कर देंगे ।

या फिर आपको शाकाहारी खाना बनाने का जबरदस्त अनुभव है तो इस अनुभव के आधार पर आपको किसी रेस्टोरेंट में मांसाहारी खाना बनाने के लिए नियुक्त नहीं किया जा सकता।

उसी प्रकार आपमें किसी काम को करने की योग्यता तो जबरदस्त है परंतु इससे यह प्रमाणित नहीं होता कि बिना अनुभव के आप सफल हो जाएंगे। जैसे कि यदि आपने तैराकी पर दर्जनों किताबे पढ़कर योग्यता हासिल कर ली है फिर भी आपको तैराकी सीखने के लिए पानी में उतरकर कई घंटो का अनुभव लेना ही पड़ेगा, क्योंकि तैराकी में योग्यता कुछ नहीं कर पाएगी। उसी तरह साइकिल चलाने के लिए भी सिर्फ योग्यता से काम नहीं चलेगा बल्कि साइकिल चलाने का पूर्व अनुभव भी जरूरी है। याने **"कुछ जगह योग्यता का महत्त्व है तो कुछ जगह अनुभव का"**।

सपने साकार करने के तीन चरण हैं

सपने हमेशा बड़े होने चाहिए, क्योंकि **"छोटे सपने देखने से बेहतर होगा कि आप सपने ही ना देखें"**। अतः आप बड़े सपने जरुर देखिए और अपने सपनों को वास्तविक रूप देने के लिए एक नियम का पालन करें तो बेहतर होगा, क्योंकि इस दुनिया में कोई भी चीज तीन चरणों में बनती है।

- ✓ पहले दिमाग में...
- ✓ फिर कागज में...
- ✓ फिर वास्तव में...

जैसे कि ताजमहल सबसे पहले शाहजहां के दिमाग में बना होगा, फिर उसकी आकृति, जगह, बनने में लगने वाला समय, कुल खर्च, संसाधन, मजदूर, आवश्यक सामग्री, डिजाइन, कारीगर आदि को लेकर कागज पर प्लानिंग की गई होगी (**कागज के आने के पहले आमतौर पर यह काम लकड़ी, हड्डी, बांस की पट्टिका और कपड़ों पर किया जाता था**) फिर अंततः ताजमहल वास्तव में याने धरातल पर बना होगा। इसी तरह व्यापार में कोई भी चीज पहले अपने दिमाग में बनाना होगा, फिर पेपर पर

सही प्लानिंग करके उसे क्रियान्वित करना होगा तभी आप अपने सपनों को साकार कर पाएंगे ।

कर्मचारियों, पैसों और समय पर आपकी पैनी नजर होनी चाहिए

एक व्यापारी या कंपनी के मालिक को कर्मचारियों के लिए कुछ नियम बनाने पड़ते हैं, क्योंकि व्यापार में कर्मचारियों के समय का सही उपयोग होना एक अनिवार्य व महत्वपूर्ण पहलु है । साथ ही पैसों पर भी आपकी पैनी नजर होनी चाहिए ताकि पैसे सिर्फ वहीं खर्च हो जहां वास्तव में जरूरी है ।

उसी तरह समय भी कीमती एवं सीमित है क्योंकि **"एक बार यदि समय चला जाए तो लौटकर कभी नहीं आता"** । इसलिए कर्मचारियों की प्रोडक्टिविटी की जिम्मेदारी सबसे पहले आपकी ही होगी, बाद में कर्मचारियों की ।

अतः शत प्रतिशत कोशिश कीजिए कि हर दिन की प्रोडक्टिविटी उसी अनुपात में आए जिस अनुपात में पैसे, समय और उर्जा लग रही है । क्योंकि **"आपके कर्मचारी रोज कितने घंटे काम करते हैं, इससे ज्यादा महत्वपूर्ण यह है कि उन घंटों में वे काम कितना करते हैं"** । अतः कर्मचारियों द्वारा काम पर दिया जाने वाला समय, एनर्जी और प्रोडक्टिविटी व्यापार में बहुत महत्वपूर्ण भूमिका निभाते हैं ।

स्टाफ के लिए पुरस्कार और दंड दोनों जरुरी है

आपके स्टाफ में दो तरह के कर्मचारी हो सकते हैं, पहले वे जो अच्छा काम करते हैं । दूसरे वे जो लापरवाह, गैर-जिम्मेदार या कामचोर हैं ।

अतः वे कर्मचारी जो...

- ✓ आपकी उम्मीद से अच्छा काम करते हैं ।
- ✓ उनकी प्रोडक्टिविटी अच्छी है ।
- ✓ सभी काम को समय पर पूरा करते हैं ।
- ✓ कंपनी के नियमों का पालन करते हैं ।
- ✓ आज्ञाकारी, ईमानदार एवं वफादार हैं ।
- ✓ काबिल व योग्य होने के साथ ही ओनरशिप से काम करते हैं ।

अतः ऐसे कर्मचारियों के लिए आप पुरस्कार आदि रख सकते हैं और पुरस्कार के रूप में उनके लिए **"यात्रा, कैश, गिफ्ट, छुट्टियां, प्रमोशन या सैलरी में बढ़ोतरी"** आदि भी निर्धारित कर सकते हैं ।

जो लापरवाह, गैर-जिम्मेदार या कामचोर हैं उनके लिए दंड का प्रावधान भी होना चाहिए । जैसे कि **"उनकी सुविधाओं में कमी, सैलरी, यात्रा भत्ता या दैनिक भत्तों में कटौती, उनके प्रमोशन और इन्क्रीमेंट आदि रोके जा सकते हैं"** । हो सकता है कि वे अपमान से बचने के लिए बेहतर काम करने लगे या फिर दंड से परेशान होकर वे अपने काम में सुधार लाएं ।

ऐसा माना जाता है कि **"यदि कर्मचारियों से काम करवाना है तो ऑर्गेनाइजेशन के फायदे से उनका फायदा और ऑर्गेनाइजेशन के नुकसान से उनका नुकसान जोड़ देने से परिणाम अच्छे आते हैं"** ।

व्यापार में किसी को पूरा 'हाथी' कभी ना दिखाएं

यदि आप व्यापार कर रहे हैं तो आपके अधीनस्थ कर्मचारी व्यापार से जुड़ी सभी बातें जानते होंगे, जैसे...

- ✓ आप कहां से कौन सा सामान किस रेट में खरीदते हैं ?
- ✓ आपके सप्लायर, वेंडर और डिस्ट्रीब्यूटर कौन-कौन हैं ?
- ✓ ग्राहकों का डाटा "संख्या और उनकी सम्पूर्ण जानकारी" ।

✔ आप किस रेट में सामान बेचकर हर महीने लगभग कितना मुनाफा कमाते हैं आदि...

अतः कोशिश कीजिए कि आपके कर्मचारियों को हर बात की जानकारी ना हो और कुछ महत्वपूर्ण जानकारियां आप अपने तक ही सीमित रखें । एवं व्यापार से जुड़े महत्वपूर्ण दस्तावेज (बिल / रसीदें / लेन-देन के कागज) बैंक खाते से जुड़ी जानकारियां आदि गोपनीय रखें, क्योंकि अगर किसी को आपके व्यापार से जुड़ी सभी जानकारियां मिल जाती है तो वे आसानी से आपको नुकसान पहुंचा सकते हैं और आपके प्रतिस्पर्धी बन सकते हैं । आपके व्यापार को हड़प सकते हैं या फिर आपके जैसा व्यापार शुरू करके आपके ग्राहकों को अपनी तरफ खींच सकते हैं ।

अतः व्यापार में कर्मचारियों के साथ पारदर्शिता ना हो तो बेहतर है, और कोशिश कीजिए कि आपके व्यापार में लगाई हुई लागत की सटीक जानकारी भी किसी को मालूम ना हो।

आमदनी अठन्नी खर्चा रुपैया

व्यापार में समय के साथ ही आपकी कमाई भी बढ़ने लगेगी परंतु ध्यान रखें कि कमाई से ज्यादा खर्च ना हो । क्योंकि अक्सर ऐसा होता है कि **"जिन लोगों ने पहले कभी व्यापार नहीं किया और हमेशा पैसे के अभाव में रहें हैं, वे अपने दिमाग में एक लिस्ट बनाकर घूमते हैं कि पैसे आएंगे तो सबसे पहले वे उनकी सभी इच्छाएं और शौक पूरे करेंगे, जिनके अभाव में वे आज तक थे"** । अतः उन्हें व्यापार में जैसे ही बचत दिखने लगती है, वे सबसे पहले अपनी इच्छाएं और शौक पूरे करने लगते हैं, जैसे...

- ✓ मनपसंद मोबाइल, लैपटॉप, बाइक या कार खरीद लेना ।
- ✓ लाइफस्टाइल में बदलाव के लिए महंगे कपड़े, ब्रांडेड घड़ियां या फुटवियर आदि ।
- ✓ महंगा फ्लैट या गोल्ड ज्वेलरी आदि को EMI पर फाइनेंस करवा लेना इत्यादि ।

लेकिन ध्यान रखें कि क्या आपकी आमदनी इतनी है कि इन सभी खर्चों से आपको कोई फर्क ही ना पड़े । ऐसा ना हो कि आपने कर्ज लेकर व्यापार शुरू किया है और आप अपने शौक पूरे किए जा रहे हैं । यदि ऐसा हो रहा है तो कुछ समय बाद शायद आप व्यापार ना चला पाएं और यदि आप कर्ज में पड़ गए तो दोष दूसरों को देंगे ।

औपचारिक शिक्षा और लगातार सीखना

औपचारिक शिक्षा एवं लगातार सीखते रहने में दिन और रात का फर्क होता है । भले ही आपने बेहतरीन स्कूल या कॉलेज से पढ़ाई की हो, फिर भी उस औपचारिक शिक्षा से जीवन भर आपका काम नहीं चल पाएगा । इसलिए आपको लगातार सीखने पर भी ध्यान देना होगा । **"यहां पर पाठकगण यह ना समझें कि औपचारिक शिक्षा को कम महत्त्व दिया जा रहा है, बल्कि यह तो जीवन का आधार है"** ।

लेकिन स्कूल और कॉलेज से प्राप्त की गई शिक्षा समय के साथ धुंधली होती चली जाती है, और हो सकता है कि आपको दैनिक जीवन एवं व्यापार में उतनी काम ना आएं । क्योंकि दुनिया इतनी तेजी से बदल रही है कि कुछ महीने पुराना ट्रेंड भी सालों पुराना लगने लगता है । टेक्नोलॉजी, फैशन, आदतें, सोच और लोग इतनी तेजी से बदल रहें हैं कि उनके साथ कदम से कदम मिलाकर चलना चुनौतीपूर्ण हो गया है ।

इसलिए आपको कंटीन्यूस लर्निंग पर भी ध्यान देना होगा, क्योंकि यह आपको नई स्किल, तरीके, आदतें और दृष्टिकोण सिखाएगी ।

"आपके करोड़ों जाएं, मेरी दमड़ी ना जाए" ऐसे पार्टनर से दूर रहिए

एक पुरानी कहावत है कि ऐसे व्यक्ति के साथ कभी भी पार्टनरशिप नहीं करनी चाहिए, जिसकी सोच ऐसी हो कि **"आपके करोड़ों जाएं, लेकिन मेरी दमड़ी ना जाए"** । कहने का आशय यह है कि आपका पार्टनर आपको समय और ऊर्जा तो दे रहा है लेकिन पैसों का इन्वेस्टमेंट कुछ भी नहीं, और पार्टनरशिप के लिए यह कहकर आपको मनाने की कोशिश कर रहा है कि **"वह पैसों के अलावा कुछ और इन्वेस्ट कर सकता है"** । जैसे कि उसका अनुभव, योग्यता, मार्गदर्शन, ऊर्जा, समय और ग्राहक आदि... लेकिन आपसे अनुरोध है कि आप ऐसी गलती ना करें ।

फिर भी यदि पार्टनरशिप में व्यापार करने की आवश्यकता पड़े तो अपने पार्टनर से इन्वेस्टमेंट के रूप में पैसे जरूर लगवाएं । अन्यथा जब भी नुकसान होगा तो उसकी भरपाई आपको ही करनी होगी आपके पार्टनर को नहीं, और नुकसान होने पर भी आपके पार्टनर का कुछ नहीं बिगड़ेगा । वैसे भी एक कहावत है कि **"जो लोग आपके लिए छोटा सा गड्ढा नहीं कूद सकते, उनके लिए आप समुंदर पार करना बंद कर दीजिए"** । अतः मेरी व्यक्तिगत सलाह माने तो आप पार्टनरशिप में कोई व्यापार ना करें, या फिर पार्टनरशिप करना ही पड़े तो कुछ बातों का विशेष ध्यान रखें जो इस किताब के पार्टनरशिप वाले पॉइंट में विस्तार से दिया गया है ।

अब बहाने के लिए कोई
जगह नहीं है

आप किसी भी नाकामयाब व्यक्ति से पूछ लीजिए कि उसकी नाकामयाबी का कारण क्या है, तो वह स्वयं के अलावा सारी दुनिया के लोगों का नाम ले लेगा... क्योंकि उसके अनुसार **"उसकी सभी काभयाबी की वजह वह स्वयं है और उसकी सभी नाकामयाबी की वजह दूसरे हैं"** । याने यदि कोई व्यक्ति स्वयं को नाकामयाबी के लिए जिम्मेदार मानता ही नहीं तो फिर वह स्वीकार कैसे करेगा, और जब स्वीकार ही नहीं करेगा तो सुधार की गुंजाईश तो शुन्य रह जाएगी । मतलब वह बार-बार असफल होगा और हो सकता है कि जीवन भर असफल ही होता रहे, जिसमें इस बात की संभावना ज्यादा है कि हर बार वह दूसरों को ही जिम्मेदार ठहराएगा । ऐसे लोग अक्सर इस तरह के वाक्यों का प्रयोग करते हुए मिल जाएंगे, जैसे...

- इस देश की सरकार ठीक नहीं है या फिर सरकारी नीतियां खराब है ।
- यह शहर या जगह ठीक नहीं है / ग्राहक ही नहीं आते हैं ।
- दोस्तों ने सपोर्ट नहीं किया, पड़ोसी और रिश्तेदार भी टांग खीचते हैं ।
- सच कहूं तो घरवालों की वजह से ही मेरी तरक्की रुकी हुई है ।
- पैसों की समस्या नहीं होती तो आज मैं कहां से कहां पहुँच जाता ।
- मौसम, सीजन या किस्मत ठीक नहीं हैं ।
- इस देश में किसी का कुछ नहीं हो सकता ।
- लोग मुझे समझ ही नहीं सके इत्यादि...

उपर्युक्त में से अधिकतर वाक्य नाकामयाब इंसान के पसंदीदा बहाने होते हैं । लेकिन आपको कामयाब बनना है तो इन्हीं परिस्थितियों में बिना किसी बहाने के आगे बढ़ना होगा । क्योंकि यदि आप भी ऐसे बहाने बनाते रहेंगे तो आपका ही नुकसान होगा । **"हाँ इसमें लोगों की सहानुभूति आपको जरुर मिल सकती है लेकिन सफलता नहीं"** ।

जहां की घास सूख रही है, मतलब वहां आपने पानी नहीं डाला होगा

व्यापार बहुत सी चीजों का मिश्रण होता है इसलिए आपको कुछ डिपार्टमेंट भी बनाने होंगे, जैसे अकाउंट, एडमिन, एच.आर. मार्केटिंग, सेल्स व परचेस डिपार्टमेंट आदि । यदि आप मैन्युफैक्चरर हैं तो फिर मैन्युफैक्चरिंग यूनिट, फैक्ट्री, सप्लाई यूनिट, गो-डाउन व ट्रांसपोर्ट इत्यादि । याने आप पर अब बहुत सारी जिम्मेदारियां एक साथ आने वाली है । ऐसी स्थिति में पहले दिन से ही आप हर जगह परफेक्ट नहीं हो सकते और हो सकता है कि कुछ समय बाद जब आप अपनी कंपनी के कामकाज का रिव्यू करें तो आपको पता चलेगा कि कुछ डिपार्टमेंट तो बहुत अच्छा काम कर रहे हैं, लेकिन कुछ डिपार्टमेंट आशानुरूप परिणाम नहीं दे रहें हैं ।

अतः आपको समझना होगा कि जो डिपार्टमेंट बहुत अच्छा काम नहीं कर रहे हैं, वहां कहीं ना कहीं आपसे लापरवाही या अनदेखी हो रही होगी । याने **"यह वही घास है जहां पर आपने पानी नहीं डाला था, इसलिए वह सूख रही है"** । मतलब व्यापार में जहां भी आपसे अनदेखी हो रही है, वहां पर अपेक्षाकृत ज्यादा ध्यान देने की जरूरत है, ताकि सभी डिपार्टमेंट की प्रोडक्टिविटी बनी रहे ।

मन सभी के पास होता है, 'मनोबल' नहीं

एक कहावत है कि **"मन सभी के पास होता है, लेकिन मनोबल सभी के पास नहीं होता"**...तो यदि आप कोई नया व्यापार शुरू कर रहे हैं तो आपमें उच्च स्तर का मनोबल होना जरूरी है । क्योंकि अक्सर ऐसी परिस्थितियां निर्मित हो जाती हैं जिनसे आप परेशान हो सकते हैं । हो सकता है कि आप भीतर से टूट जाएं या आपके मन में उस व्यापार को बीच में ही छोड़ देने का विचार आए । जिसमें प्रायः पैसों की तंगी, उधार की समस्या, शारीरिक एवं मानसिक स्थिति में उतार चढ़ाव का सीधा प्रभाव

आपके आत्मविश्वास पर पड़ेगा और कई बार दुर्भाग्य से ऐसी परिस्थितियों का एक साथ आ जाना भी मनोबल को तोड़-मरोड़ कर रख देता है ।

अतः आप निराश या उदास ना हो । बल्कि आने वाले महीनों या सालों तक हर कठिन परिस्थिति को चुनौतियों के रूप में स्वीकार करें । व्यापार की बारीकियों पर ध्यान दें एवं गलतियों से सीखें । ताकि आप भविष्य के लिए मजबूत व तैयार रहें और **"यदि आपने आज रास्ता बना लिया है, तो कल मंजिल भी मिल जाएगी, हौसलों से भरी यह कोशिश एक दिन जरूर रंग लाएगी"** ।

व्यापार मुश्किल है लेकिन योग्यता और अनुभव ना हो तो ज्यादा मुश्किल है

अनुभवहीन व्यक्ति के लिए व्यापार करना अक्सर चुनौतियों से भरा होता है क्योंकि सही समय पर सही फैसले लेने के लिए पर्याप्त ऊर्जा, समय, ज्ञान और पैसों की जरूरत पड़ती है । एवं किसी भी व्यापार में वेंडर्स, डिस्ट्रीब्यूटर्स व सप्लायर्स से माल खरीदने के लिए अनुभव, योग्यता और कौशल अत्यंत आवश्यक है, जिसमें ग्राहकों को सामान बेचते समय आपका व्यवहार, बेचने की कला एवं लेन-देन का हिसाब आदि व्यापार के सबसे महत्वपूर्ण पहलुओं में से एक है ।

अतः व्यापार में मूर्खता (**किसी भी प्रकार की गलती / भूल / लापरवाही**) के लिए कोई जगह नहीं है, इसलिए स्वयं को हमेशा बेहतर बनाते रहें जिससे आपको व्यापार में मुश्किलों का सामना तुलनात्मक रूप से कम करना पड़े और आप एक सफल व्यापारी बन सकें । एक कहावत भी है कि **"अनुभव की भट्टी में जो तपते हैं, दुनिया के बाजार में वही सिक्के चलते हैं"** ।

व्यापार का सीक्रेट, कुछ ऐसा मालूम होना जो लोग सामान्यतः नहीं जानते

हमेशा ही व्यापार में आपको कुछ नया एवं बेहतर करना होता है जो सामान्यतः लोगों को मालूम नहीं होता ।

जैसे...

- ✓ मोलभाव करके खरीदने का जबरदस्त महारथ ।
- ✓ बेचने की कला में पारंगत होना ।
- ✓ व्यवहार कुशलता और शानदार पीपुल हैंडलिंग स्किल ।
- ✓ कर्मचारियों से काम करवाने का आर्ट ।
- ✓ समस्याओं से भ्रमित या परेशान ना होना ।
- ✓ आसानी से हार ना मानना ।

याने आप स्वयं को ऐसी ही कुछ महत्वपूर्ण कलाओं में इतना माहिर कर लें कि आपको सफल होने में कोई परेशानी या रुकावट ना आएं ।

जब तक 'चारा' नहीं 'शिकार' नहीं

एक कहावत है कि **"बिना चारा के तो मछली भी नहीं फंसती"** । आशय यह है कि बिना कुछ अतिरिक्त दिए ग्राहकों को आकर्षित करना मुश्किल है इसलिए आपको कुछ नया एवं बेहतर देकर ग्राहकों को लुभाना होगा, फिर भले ही इसके लिए आपको उन्हें कुछ अतिरिक्त देना पड़े, जैसे...

- ✓ कोई बड़ा सा ऑफर ।
- ✓ कूपन, लकी ड्रा या पैकेज ।
- ✓ प्रोडक्ट या सर्विस में डिस्काउंट ।
- ✓ फ्री ट्रायल, गिफ्ट या सैंपल ।
- ✓ किश्तों में खरीदनें की सुविधा ।

क्योंकि आजकल सभी ग्राहक समझदार हैं और वे अपनी दिलचस्पी वहीं दिखाएंगे जहां उन्हें अतिरिक्त फायदा नजर आएगा । बिना फायदे के कोई भी कस्टमर या क्लाइंट आपके पास नहीं आएंगे इसलिए आप उनके लिए कोई नया व आकर्षक सा 'चारा' प्लान कर सकते हैं । **"मतलब लोगों को उनका फायदा दिखाइए और उन्हें अपना ग्राहक बनाइए"।**

व्यापार में जन्म कुंडली नहीं बल्कि कर्म कुंडली की आवश्यकता है

अक्सर लोग सड़क किनारे बैठे ज्योतिषियों के पास जाकर अपना फलादेश सुनते हैं । रोज अखबार में आने वाला राशिफल देखते हैं, रास्ते में बैठे तोते से अपने भाग्य का कार्ड निकलवाकर उस पर यकीन करते हैं और तो और हाथों की लकीरों में अपना भविष्य खोजते रहते हैं । जबकि सच तो यह है कि जो ज्योतिषी अपना भाग्य स्वयं भी नहीं जानते तो वे हमारा भाग्य कैसे बता पाएंगे और बिना कर्म के तो भाग्य भी नहीं बदला जा सकता ।

इसलिए कुछ विद्वानों ने हमें इन ज्योतिषियों से परहेज करने की हिदायत दी है, खासकर बाजारी ज्योतिषियों से तो हमेशा दूर ही रहें तो बेहतर होगा क्योंकि उनका ज्योतिष शास्त्र से कोई लेना देना नहीं होता है । वैसे भी **"मनुष्य जब हथेली की रेखाओं में भविष्य ढूंढने लगे, तब समझ लीजिए कि उसके बाजुओं में ताकत और मन में विश्वास खत्म हो गया है"।**

भविष्यवाणी हमेशा गलत नहीं होती लेकिन वे हमेशा सही भी नहीं होती । अतः भविष्यवाणी सुनकर गंभीर होने की बजाय अपने कर्मों पर विश्वास कीजिए और यह मानकर चलिए कि **"कर्मफल"** ही आपका भाग्य है । क्योंकि **"अपनी कर्मरेखा के लेखक और भाग्य के रचयिता हम स्वयं होते हैं"** आप माने या ना माने लेकिन कर्म का फल मिलता जरूर है ।

दूसरों की लाइन छोटी करने की बजाय अपनी लाइन बड़ी करें

एक कहावत है कि "दूसरों पर पीएचडी करने से बेहतर है कि स्वयं ग्रेजुएट हो जाएं" क्योंकि अक्सर लोग जब स्वयं को ऊपर उठा नहीं पाते, तब वे दूसरों को नीचे गिराने की कोशिश में लग जाते हैं । लेकिन वे भूल जाते हैं कि "इंसान सफल तब होता है,जब वो दुनिया को नहीं बल्कि खुद को बदलना शुरू करता है" । क्योंकि दूसरों को गिराने के चक्कर में उन्हें कुछ नुकसान हो सकते हैं, जैसे...

- ✓ व्यापार में विपरीत प्रभाव पड़ सकता है ।
- ✓ उर्जा और समय अनावश्यक कार्यों में बर्बाद हो सकता है ।
- ✓ सामने वाले को यदि आभास हो जाए तो वे दुश्मन बन जाएंगे ।
- ✓ दूसरों को गिराना विध्वंसकारी बुद्धि की पहचान है ।
- ✓ आपकी रचनात्मकता पर नकारात्मक असर पड़ सकता है ।
- ✓ व्यापार में लंबे समय तक साख बनाए रखना मुश्किल हो सकता है ।

इसलिए अपना सारा समय, ध्यान, ऊर्जा और पैसा सिर्फ स्वयं को आगे बढ़ाने में लगाएं, ताकि "आनेवाला हर दिन, बीते हुए दिन से बेहतर हो सके" । क्योंकि कुछ वर्षों बाद जब आप पीछे मुड़कर देखेंगे तो आपको न सिर्फ स्वयं की तरक्की पर खुशी होगी बल्कि आत्मसंतुष्टि भी मिलेगी व स्वयं की मेहनत पर भी फ़क्र होगा ।

ईश्वर सिर्फ तथास्तु कहते हैं

हो सकता है कुछ लोग इस बात से सहमत ना हो, लेकिन यह एक मनोवैज्ञानिक सच है कि जब आप ये कहते हैं कि..."यह व्यापार चलेगा" या "यह व्यापार नहीं चलेगा" तो दोनों ही स्थितियों में "ईश्वर सिर्फ तथास्तु कहते हैं" । कहने का आशय यह है कि आपको इस मानसिकता के साथ शुरुआत करनी होगी कि यह व्यापार निश्चित रूप से चलेगा ही चलेगा, तब ईश्वर तथास्तु कहेंगे और आपका वह व्यापार शानदार तरीके से चल पड़ेगा ।

पर यदि आप व्यापार की शुरुआत संदेहात्मक मानसिकता के साथ करते हैं कि पता नहीं यह व्यापार चलेगा या नहीं... तो हो सकता है कि आपका व्यापार ना चल पाए, क्योंकि **"ईश्वर सिर्फ तथास्तु कहते हैं"** । इसलिए कहा गया है कि व्यापार की नींव रखते वक़्त हमेशा सकारात्मक सोच के साथ ही शुरुआत करना है।

"हाई प्रोडक्टिविटी" याने समय का सही उपयोग

व्यापार में **"एनर्जी, समय और पैसे का सही इस्तेमाल करना ही सफलता है"** । जिसमें यह ध्यान रखना होगा कि कर्मचारी अधिक इस्तेमाल (over utilise) तो नहीं हो रहे हैं अन्यथा वे जॉब छोड़ देंगे और कम इस्तेमाल (under utilise) होने की स्थिति में उनकी प्रोडक्टिविटी कम आएगी । अतः आपको अपने कर्मचारियों के टाइम और एनर्जी का सही उपयोग करके हाई प्रोडक्टिविटी लेने की कला विकसित करनी होगी ।

अंगेजी में कहावत है "The best utilisation of available resources is the essential quality of a leader" । इसलिए आपको उन्हें स्वयं काम करने और टीम से काम करवाने की ट्रेनिंग भी देनी पड़ेगी, ताकि कर्मचारियों के दिमाग में यह मैसेज जाए कि ऑर्गेनाइजेशन को उनकी प्रोडक्टिविटी से फर्क पड़ता है । वैसे तो प्रोडक्टिविटी बढ़ाने के बहुत से कारगर और असरदार तरीके हैं लेकिन समयानुसार अपने कर्मचारियों की प्रोडक्टिविटी को ट्रैक करना और निश्चित अंतराल में उनके परफॉरमेंस एवं कार्यों का मूल्यांकन करते रहना सबसे खास है । साथ ही परफॉरमेंस के आधार पर उन्हें रिवॉर्ड देते रहिए और प्रोडक्टिविटी कम होने की स्थिति में समस्या की जड़ में जाकर उसका निवारण भी कीजिए ।

एक से ज्यादा व्यापार कर रहें हैं तो समय व दिन पूर्व निर्धारित हो

बहुत से व्यापारियों के अनेक व्यापार हो सकते हैं । यह अच्छी बात भी है कि आप अपनी काबिलियत के अनुसार व्यापार विस्तार कर रहें है । आप दो या दो से अधिक व्यापार भी कर सकते हैं जो पूर्णतः आपकी इच्छा एवं क्षमता पर निर्भर करता है । कुछ व्यापारी बंधु ऐसे भी हैं जो दर्जनों व्यापार एक साथ कर लेते हैं बस आपको यह ध्यान रखना होगा कि हर व्यापार में बाजार की मांग, कमाई और उपयोगिता के आधार पर समय देना पड़ता है । यदि आप सभी व्यापार को रोज समय देना चाहते हैं तो उसी अनुसार कार्य के घंटे भी तय करें । या फिर **"दिन के आधार पर भी निर्धारित किया जा सकता है कि ससाह के सात दिनों में किस कंपनी या व्यापार को कौन सा दिन देना है"** ।

आपका उद्देश्य यह होना चाहिए कि किसी भी कार्य, कंपनी, प्रोडक्ट या व्यापार की अनदेखी ना हो और आप किसी मामूली या महत्वहीन कार्य को आवश्यकता से अधिक अहमियत देकर अपना कीमती समय और उर्जा व्यर्थ ना करें । क्योंकि हर जगह, हर समय और हर काम के लिए आप उपलब्ध नहीं हो सकते ।

ग्राहकों एवं कर्मचारियों से लगातार फीडबैक लेते रहें

व्यापार में अपने कर्मचारियों और ग्राहकों से लगातार फीडबैक लेते रहना चाहिए । फीडबैक लेने का उद्देश्य यह है कि आप यह जान सकें कि आप कहां अच्छा काम कर रहे हैं एवं किन जगहों पर और बेहतर करने की गुंजाइश है । ताकि आप जहां बेहतर कर रहे हैं उसे बनाए रखें या उसे और बेहतर कर सकें और जहां अनदेखी हो रही है वहां आप विशेष ध्यान दे सकें । अतः व्यापार में फीडबैक के जरिए बहुत सारी चीजें स्पष्ट होने लगती हैं और आप

समझ पाते हैं कि आपके प्रोडक्ट, सर्विस या कंपनी के प्रति लोगों का नजरिया क्या है ।

हो सकता है कि आपको इससे कर्मचारियों और स्वयं की कमियों के बारे में पता लगे । ये कमियां आपके व्यवहार या आचरण में भी हो सकती है और आपके व्यापार की कार्य प्रणाली, प्रोडक्ट, सर्विस या कर्मचारियों में भी । मतलब ये **"व्यापारिक प्रॉब्लम भी हो सकती है और व्यावहारिक प्रॉब्लम भी"** । इसलिए निश्चित अंतराल में फीडबैक लेते रहें ।

व्यापार के तरीकों को अपडेट करते रहें

आपने देखा होगा कि पिछले पच्चीस सालों में दुनिया जितनी तेजी से बदली है उतनी सौ सालों में भी नहीं बदली ।

- ✓ आज हम एक जगह बैठकर टेलीफोन से नहीं, बल्कि चलते-फिरते मोबाइल से बातें करते हैं ।
- ✓ टाइपराइटर की बटनों को श्रमपूर्वक दबाकर नहीं, बल्कि स्मार्टफोन या लैपटॉप में बोलकर टाइप करते हैं ।
- ✓ अधिकांशतः पंखों और कूलर की जगह अब एयर कंडीशन ने ले ली है ।
- ✓ लोग जमीनी यात्रा से ऊपर उठकर हवाई यात्रा करने लगे हैं ।
- ✓ सिनेमा हॉल पर आश्रित रहने की बजाय लोग नेटफ्लिक्स, अमेज़न और यूट्यूब जैसे प्लेटफार्म से जब चाहे, जहां चाहे अपनी पसंदीदा फिल्मे और कार्यक्रम देख सकते हैं ।

इसी तरह से व्यापार के तरीकों में भी जबरदस्त बदलाव आए हैं, नई-नई टेक्नोलॉजी आ चुकी है, ढेरों मोबाइल एप्लीकेशन एवं सॉफ्टवेयर आ गए हैं । पैसों के लेन-देन के साधन हो या सर्विस देने के तरीके, प्रोडक्ट डिलीवर करना हो या ऑर्डर लेना, इस नए दौर में ये सब अत्याधुनिक हो गया है । अतः आप भी अपने व्यापार करने के तरीकों को लगातार अपडेट करते रहें ।

गधों के सहारे रेस नहीं जीती जा सकती

ज्यादातर व्यापारी पैसे बचाने के लिए ऐसे कर्मचारियों को नियुक्त कर लेते हैं जो कम सैलरी में काम करने को तैयार हो जाएं...लेकिन वे यह भूल जाते हैं कि **"मूंगफल्ली देंगे तो बन्दर ही मिलेंगे"**, (पाठकों से निवेदन हैं कि वे यह ना समझें कि कर्मचारियों की तुलना बंदरों से की गई हैं बल्कि यह एक कहावत मात्र है) ।

अक्सर देखा गया है कि व्यापारी बंधू बिना अनुभव के कर्मचारियों को नियुक्त कर लेते हैं और उन्हें किसी प्रोफेशनल ट्रेनर से ट्रेनिंग भी नहीं दिलवा पाते । जिसमें अपने व्यापार के अनुसार ढालें बिना यह उम्मीद रखते हैं कि वे उनके संस्थान की बिक्री बढ़ाएंगे । जबकि बिना अनुभव और योग्यता के कर्मचारी आपके व्यापार को आगे बढ़ाने में अक्षम ही साबित होंगे ।

आप ही सोचिए कि यदि रेस जीतना है तो अच्छी नस्ल के एक्सपर्ट घोड़े रखने पड़ेंगे ताकि रेस जीत सकें, क्योंकि गधों के सहारे रेस नहीं जीती जा सकती । कहने का आशय यह है कि आप भी अपने ऑर्गेनाइजेशन में कुशल, योग्य एवं अनुभवी कर्मचारियों को नियुक्त करें व समय-समय पर उन्हें ट्रेनिंग भी देते रहें ।

कैश डिस्काउंट देना नहीं बल्कि लेना है

ज्यादातर व्यापारियों की सोच यह होती है कि जब उधारी में माल खरीद सकते हैं तो स्वयं के पैसे लगाने की क्या जरूरत है, लेकिन दूसरा पक्ष जाने बिना निर्णय लेंगे तो उचित नहीं होगा । जैसे कि **"उधारी में माल तो मिल सकता है पर कैश डिस्काउंट नहीं और सामान्यतः कैश डिस्काउंट एक से तीन प्रतिशत तक का होता है"**। अब यदि आप बड़े अमाउंट में व्यापार कर रहे हैं तो लाखों का माल खरीदेंगे । अब आप ही सोचिए कि उधारी में माल खरीदकर कैश डिस्काउंट के रूप में आप कितने रूपए छोड़ रहे हैं ?

मान लीजिए कि आपकी हर दिन की बिक्री पचास हजार रुपयों की हैं याने हर महीने आप लगभग पंद्रह लाख रुपयों का माल खरीदते हैं, और आपके शहर में कैश डिस्काउंट का ट्रेंड 3 % है, तो ऐसे में वह अमाउंट 45000 रूपए हुआ जो एक साल में 540000 रूपए होते हैं, 10 साल में यह अमाउंट चौवन लाख का हो जायेगा और 30 सालों में एक करोड़ बहासठ लाख का जबकि ब्याज सहित लगभग (यदि हर महीने आपने इस अमाउंट को बैंक की किसी अच्छी योजना के अंतर्गत 30 सालों के लिए) जमा किया तो हो सकता हैं यह अमाउंट 5 करोड़ से ऊपर हो जाए जो आपकी अतिरिक्त कमाई होगी । इसलिए हो सके तो आप जब भी आप सामान कैश में खरीदें, तो कैश डिस्काउंट अवश्य लीजिए । चूँकि व्यापारी को खरीदी एवं बिक्री दोनों ही काम करने होते हैं । याने आपके पास वेंडर या सप्लायर भी होंगे और ग्राहक भी । तो हो सकता है कि आपके ग्राहक आपसे कैश डिस्काउंट की मांग करें । अतः कोशिश कीजिए कि आपको कैश डिस्काउंट ना देना पड़े, लेकिन कैश डिस्काउंट लेना मत भूलिएगा, क्योंकि व्यापार में एक पैसे का भी महत्त्व होता है ।

जैसा देश वैसा भेष

हर शहर, कस्बा और गांव अलग होता है क्योंकि वहां रहने वाले लोगों की मानसिकता, दृष्टिकोण, आदतें और व्यवहार भी अलग होते हैं । इसलिए व्यापार में **"कुछ जगह आपको ग्लोबल तरीके अपनाने होंगे और कुछ जगह लोकल"** । जिसमें आपका ग्राहकों से डील करने का तरीका हो या वेंडर, सप्लायर और डिस्ट्रीब्यूटर से माल खरीदने का हुनर । कर्मचारियों, स्टाफ, टीम मेंबर, सहकर्मियों के साथ आपका व्यवहार हो या फिर आपके संभावित ग्राहकों जैसे दोस्तों, पडोसियों, रिश्तेदारों के साथ आपकी मिलनसारिता । सब कुछ आपको **"सब्जी में नमक जैसा रखना होगा, ना कम ना ज्यादा"** ।

इसमें कुछ हद तक किताबों से आपको मदद मिल सकती है परंतु वास्तविक ज्ञान और समझ के लिए स्थानीय व्यापारियों के साथ समय गुजारना फायदेमंद साबित होगा । इसलिए आप भी लगातार उन सफल एवं बड़े व्यापारियों से मिलकर कुछ नया व बेहतर सीखते रहिए, जिससे आपको जरूरी बदलाव करने में आसानी होगी व व्यापार में भी इसका लाभ मिलेगा।

वे कौन से पाँच बदलाव हैं जिनसे आपकी आमदनी बढ़ सकती है

जाहिर है कि सभी व्यापारी उनके व्यापार में बढ़ोतरी चाहते हैं लेकिन वे यह समझ नहीं पाते कि उन्हें कौन-कौन से कदम उठाने चाहिए । यहां पर आपको कुछ सुझाव दिए जा रहे हैं यदि आप चाहें तो निम्नलिखित में से कम से कम पाँच सुझावों (Any five) पर अमल कर सकते हैं, जैसे...

- ✔ प्रतिदिन के कार्यों की लिस्ट बनाकर उन्हें उसी दिन पूरा करना ।
- ✔ रोज दो घंटे अतिरिक्त काम करना ।
- ✔ आपके व्यापार से संबंधित लोगों से लगातार संपर्क में रहना ।
- ✔ दैनिक / साप्ताहिक / मासिक टारगेट बनाकर काम करना ।
- ✔ हर काम का लगातार रिव्यु और प्रीव्यू करना ।
- ✔ रोज सुबह जल्दी उठना एवं व्यायाम आदि करना ।
- ✔ कर्मचारियों की प्रोडक्टिविटी पर कड़ी नज़र रखना ।
- ✔ कार्यस्थल पर सबसे पहले जाना ।
- ✔ सभी महत्वपूर्ण कार्यों के लिए मोबाइल में अलार्म लगाकर रखना ।

उपर्युक्त सुझावों को व्यापार वृद्धि के लिए कम से कम एक साल तक इस्तेमाल करके जरूर देखिए, हो सकता है कि आपको इससे न सिर्फ आशान्वित लाभ मिले, बल्कि आपकी आमदनी भी बढ़ जाए।

पहला फोकस पैसों पर नहीं बल्कि क्लाइंट की संतुष्टि पर हो

अक्सर देखा गया है कि ग्राहकों के सामने किसी सर्विस या प्रोडक्ट को लेने के लिए जब बहुत से विकल्प मौजूद होते हैं, तब वे उसी व्यापारी या सर्विस प्रोवाइडर को वरीयता देते हैं जिसे वे पहले से जानते हैं और उन पर विश्वास करते हैं या फिर उनकी सर्विस या प्रोडक्ट से वे वाकिफ या संतुष्ट हैं । जो व्यापारी ग्राहकों की संतुष्टि के बजाय पैसों पर फोकस करते हैं, उन्हें व्यापार को लंबे समय तक चलाने में परेशानी होती है । इसलिए कहते हैं कि व्यापार में पहला फोकस ग्राहकों की संतुष्टि पर होना चाहिए ।

जब ग्राहक आपकी सर्विस या प्रोडक्ट से संतुष्ट हो जाते हैं उस पर आपका व्यवहार एवं लेनदेन भी अच्छा है तो ग्राहकों के रूप में लगातार वे आपसे जुड़े रहेंगे, और यदि आप उनकी उम्मीदों के अनुरूप अच्छे दुकानदार या सर्विस प्रोवाइडर साबित होते हैं तो वे आपको सही कीमत भी देंगे । जिससे शुरुआत से ही आपको आशानुरूप परिणाम मिलेंगे एवं ग्राहकों की संतुष्टि को सर्वोपरि रखकर आप पैसे भी कमाएंगे । वैसे भी **"पैसा, By Product है जो सही दिशा में की गई मेहनत का परिणाम है"** ।

कुछ चीजें बिकती ही इसलिए हैं क्योंकि वे महंगी होती हैं

यहां आप आईफोन का उदाहरण ले सकते हैं, जिसमें आपको यह जानकर आश्चर्य होगा कि ऐसे प्रोडक्ट्स को यदि सस्ता कर दिया जाए तो धीरे-धीरे इनकी बिक्री स्वतः ही कम होने लगेगी, फिर वह खास ना रहकर आम जनता का प्रोडक्ट हो जाएगा । जिस वजह से अमीर या स्टेटस को प्राथमिकता देने वाले लोग ऐसे प्रोडक्ट्स को खरीदना पसंद नहीं करेंगे । क्योंकि कुछ लोग जो दौलतमंद हैं तो वे यह कैसे दिखाएंगे कि उनका स्टेटस

दूसरों से बेहतर है या वे दूसरों से श्रेष्ठ है इसलिए वे अपनी लाइफस्टाइल मैंटेन करने के लिए ज्यादा पैसे खर्च करते हैं ।

जैसे कोई व्यापारी किसी सामान्य ब्रांड का फोन इस्तेमाल करे और उनका कोई कर्मचारी भी उसी ब्रांड का फोन इस्तेमाल करे...तब आप ही सोचिए कि उन दोनों के स्टेटस में कैसे फर्क दिखेगा ? इसलिए पैसे बाले लोग अक्सर महंगे ब्रांड को प्राथमिकता देते हैं और कंपनियां भी ऐसे ग्राहकों की मानसिकता को बखूबी समझती है इसलिए अपने प्रोडक्ट्स कुछ खास व अमीर लोगों को ध्यान में रखकर ही डिजाइन करती है, उन्हीं को टारगेट करती हैं एवं सेल भी उन्हीं को करती है ।

God, Protect me from my friends, I will take care of my enemies

हे ईश्वर, मेरे दोस्तों से मुझे बचाकर रखना...दुश्मनों से तो मैं अपने आप को बचा ही लूंगा । वैसे आपको मालूम होगा कि आपके दुश्मन कौन-कौन हैं क्योंकि दुश्मन अक्सर आपकी जानकारी में पहले से होते हैं । परंतु **"जो दुश्मन, दोस्त के रूप में आपके साथ उठते बैठते व समय बिताते हैं"**, ऐसे दोस्तों के रूप में छुपे हुए दुश्मनों को आप कैसे पहचानेंगे ?

क्योंकि ऐसे लोग मौका मिलते ही वार करने से नहीं चूकेंगे और उनके फायदे के लिए वे किसी भी हद तक जा सकते हैं । बड़े बुजुर्गों ने कहा भी है कि **"आस्तीन का सांप ही काटता है"** ।

यदि गौर से देखा जाए तो आप समझ जाएंगे कि किसी दूसरे शहर, देश या विदेश का कोई अनजान व्यक्ति आपको धोखा नहीं देगा । बल्कि वही व्यक्ति धोखा दे सकता है जो पहले से आपको जानता है साथ वाला है और भरोसेमंद भी। इसलिए अपने करीबी दोस्तों और लोगों से सतर्क रहिए क्योंकि दुश्मनों से तो आप सतर्क रहते ही हैं ।

नुकसान के तीन कारण होते हैं, बाहरी, आंतरिक और व्यक्तिगत

अक्सर ऐसा होता है कि नुकसान होने पर हम बहुत ज्यादा परेशान हो जाते हैं और आनन-फानन में कोई भी निर्णय ले लेते हैं । जिसमें अधिकांशतः लोग Give-up कर देते हैं या फिर व्यापार बंद करने का सोच लेते हैं । लेकिन उचित कारण जाने बिना कुछ भी ना करें और नुकसान होने की स्थिति में वास्तविक कारणों को जानने की कोशिश करें, जैसे...

✓ **'बाहरी' कारण** :- परिस्थितियां, प्रतिस्पर्धी, क्लाइंट / कस्टमर, वेंडर, डिस्ट्रीब्यूटर, कंपनी, सप्लायर, मौसम, सरकारी नीतियां, त्यौहार, प्रतिष्ठान की जगह, सीजन या लोग जो आपकी सफलता में बाधक हो सकते हैं ।

✓ **'आंतरिक' कारण** :- आपके द्वारा बनाए गए नियम, पॉलिसी व सिस्टम भी आपकी ग्रोथ में रुकावट बन सकते हैं । या ऐसे लोग जो आपके ऑर्गेनाइजेशन को बढ़ने नहीं देना चाहते, जिसमें आपके टीम मेंबर, सहयोगी, सहकर्मी या अन्य कर्मचारी भी हो सकते हैं जिनका रवैया काम के प्रति आलस्य वाला, काम टालने वाला, नकारात्मक या बाधक हो ।

✓ **'व्यक्तिगत' कारण** :- स्वयं की आदतें जैसे, गलत विचारधारा, कमजोर इच्छाशक्ति, नकारात्मक दृष्टिकोण, समय प्रबंधन की कमी, गलत दिशा में कार्य, मेहनत अनुशासन और निरंतरता की कमी आदि कई व्यक्तिगत कारण भी हो सकते हैं ।

शुरू में असफलता मिल सकती है नुकसान भी हो सकता है, लेकिन रुकना मत

एक कहावत है कि **"गर हार ना हो जीवन में तो जीत का भी कोई मोल नहीं"** किसी भी व्यापार में आपको पहली या दूसरी बार में ही सफलता मिल जाए ऐसा जरुरी नहीं है, क्योंकि...

✓ कई बार नुकसान भी हो सकता है ।

- ✓ आपका मनोबल कम हो सकता है ।
- ✓ आपकी हिम्मत टूट सकती है ।
- ✓ आपका कीमती समय बर्बाद हो सकता है ।
- ✓ प्रोडक्ट, ग्राहकों और बाजार को लेकर आपके निर्णय, उम्मीदें, अनुमान या आकलन गलत हो सकते हैं ।

इसी तारतम्य में कुछ लोग शुरुआती असफलता को अंतिम असफलता मान बैठते हैं और व्यापार में कहां और कौन सी गलती हो रही है यह समझ नहीं पाते । थोड़ा भी नुकसान हुआ तो वे सहन नहीं कर पाते हैं क्योंकि वे उस अंधेरे से घबरा जाते हैं एवं अंधेरे के बाद आने वाली रोशनी को नहीं देख पाते और व्यापार को बीच में ही छोड़ देते हैं ।

क्या वास्तव में आप किसी ऐसे व्यक्ति को जानते हैं जिनको पहली बार में ही सफलता मिली हो ? **"अब्राहम लिंकन अमेरिका के राष्ट्रपति बनने के पहले कई बार चुनाव हारे थे, अमिताभ बच्चन की सुपरहिट मूवी 'जंजीर' बारह फ्लॉप मूवीज़ के बाद आई थी",** बहुधा देखा गया है कि कोई भी व्यक्ति चाहे वह कितना भी होशियार, बुद्धिमान या गुणवान क्यों ना हो कोई भी नया कार्य पहली ही बार में पूरी तरह से सही नहीं कर पाता । लेकिन सही दिशा में लगातार कोशिश करते रहें तो एक दिन अवश्य सही कर लेता है ।

एक कहावत भी है कि **"जो पक्षी गिरने से घबराते हैं, वे कभी उड़ान नहीं भर सकते"** । बस आपसे भी यही अनुरोध है कि आप धैर्य मत छोड़िएगा, बिना डरे, बिना रुके आगे बढ़ते रहिएगा आपको सफलता जरूर मिलेगी । क्योंकि **"मिली सारी ऊँचाइयाँ भी उन्हीं को, जो गिरते भी रहे और संभलते भी रहे"** ।

मुनाफे के लिए 'खरीदी रेट' पर ज्यादा काम करने की जरुरत है

यदि आप व्यापार में मुनाफा बढ़ाना चाहते हैं, तो खरीदी रेट जितना कम रखेंगे उतना ही बेहतर होगा । इसके लिए आप कोई बड़े वेंडर या सप्लायर को ढूंढ सकते हैं जो थोक (Bulk) में सप्लाई करते हैं । जिनसे आप ज्यादा बिकने वाले और जल्दी खराब ना होने वाले सामान को मोलभाव करके कम कीमत में खरिदकर मुनाफा बढ़ा सकते हैं ।

मान लीजिए आपकी शॉप से हर सप्ताह कोई सामान 1000 पीस बिकता हैं । जिसको आप 80 रू प्रति पीस में खरिदकर 100 रू में ग्राहकों को बेच देते हैं, इस हिसाब से आपका मुनाफा 20 रू प्रति पीस हुआ ।

याने उस सामान से होने वाला साप्ताहिक मुनाफा 1000 x 20 = 20000 रू हुआ,

यदि आप उसी सामान की खरीदी साप्ताहिक की बजाय मासिक करते हैं (**महीने में 4 बार ना खरीदकर 1 ही बार खरीदना**) जिससे हो सकता है कि एक साथ 4 गुना ज्यादा खरीदने पर आपको वही सामान 80 रु की जगह 75 रु प्रति पीस में मिल जाए जो कि पहले से 5 रू सस्ता होगा ।

याने खरीदी रेट पर फोकस करके आपने महीने में 5 रु प्रति पीस अतिरिक्त बचा लिए । तो आपकी पहले वाली कमाई जो कि 20000 x 4 सप्ताह = 80000 रु महीने थी । अब 25 रु प्रति पीस की वजह से 25000 x 4 सप्ताह = 100000 रू हो गई ।

साम, दाम, दंड, भेद सब करें पर दाम ज्यादा मत गिराना

व्यापार में आपको कोई बेईमानी नहीं करनी है लेकिन चतुराई तो रखनी पड़ेगी । व्यापार के लिए साम (सुझाव) का इस्तेमाल भी करना होगा और दाम (कीमत) का भी । कई बार दंड (सजा) का इस्तेमाल भी करना होगा और भेद (रहस्य पता करके फायदा लेने) का भी, लेकिन कभी भी अपने प्रोडक्ट का दाम ज्यादा मत गिराना । क्योंकि इससे आपको तीन तरह के नुकसान हो सकते हैं, जैसे...

- ✓ **पहला नुकसान :-** आपके वेंडर, डिस्ट्रीब्यूटर और सप्लायर आपके ऊपर आरोप लगा सकते हैं कि आप मार्केट में रेट खराब कर रहे हैं, जिससे हो सकता है कि वे दोबारा आपको प्रोडक्ट ना दें ।
- ✓ **दूसरा नुकसान :-** ग्राहकों को आप पर संदेह हो सकता है कि आप उन्हें ऐसा प्रोडक्ट तो नहीं बेच रहे हैं जो खराब, फर्जी या फिर नकली है ।
- ✓ **तीसरा नुकसान :-** ग्राहक हर बार आपके दाम गिराने का इंतजार कर सकते हैं ।

NOTE :- कुछ अपवाद भी हो सकते है जैसे कि... **आपका प्रोडक्ट बहुत दिनों से अटका हुआ है, जल्दी एक्सपायर होने वाला है, ट्रेंड बदल चुका है, पैसे ब्लाक हो गए हैं या सीजन चला गया है** तब ऐसे प्रोडक्ट्स के दाम गिराना तर्कसंगत होगा ।

हाथी के दाँत खाने के कुछ और, दिखाने के कुछ और

हम सभी ने बचपन से यह कहावत सुनी है कि **"हाथी के दाँत खाने के कुछ और दिखाने के कुछ और होते हैं"** । यदि इस कहावत को आप व्यापार में अपनाते हैं तो काफी फायदा मिल सकता है । यहां पर कुछ पाठकगण इस बात को नकारात्मक तरीके से भी ले सकते हैं, लेकिन ऐसा ना सोचें और पहले इस कहावत का सही उद्देश्य समझें ।

एक हाथी के दो दाँत होते हैं जो सफेद संगमरमर की तरह हाथी की सूंड के दोनों तरफ होते हैं । इन दांतों से वे अपनी रक्षा करते हैं और दुश्मन भी उनके इतने बड़े-बड़े दांतों को देखकर पहले ही डर जाते हैं, जिससे हाथी तुलनात्मक रूप से ज्यादा सुरक्षित रहते हैं जबकि हाथी के खाने के दाँत अलग होते हैं । ठीक उसी प्रकार व्यापार में भी स्वयं को सुरक्षित रखने व व्यापार को दुश्मनों से बचाने के लिए कुछ हाथी दाँत रखने पड़ सकते हैं । वे

हाथी दाँत किसी भी रूप में हो सकते हैं "जैसे कि शहर के रसूखदार लोगों से संबंध, राजनैतिक स्तर पर पहचान, सरकारी विभाग में उच्च अधिकारियों से मेलजोल आदि" ।

हर काम महत्वपूर्ण है,
मतलब कुछ भी महत्वपूर्ण नहीं है

आपके कर्मचारियों को यह फर्क स्पष्ट रूप से मालूम होना चाहिए कि ऑर्गेनाइजेशन में कौन से कार्य तुलनात्मक रूप से ज्यादा महत्वपूर्ण हैं और कौन से कम, तभी वे जान पाएंगे कि कौन-कौन से कार्यों को प्राथमिकता देनी है । क्योंकि आप उनसे सभी कार्यों को महत्वपूर्ण बताकर करवाने की कोशिश करेंगे तो आपके कर्मचारियों के दिमाग में यह मैसेज जाएगा कि आप सभी कार्यों को महत्वपूर्ण कहते हैं परंतु वास्तव में कोई भी कार्य महत्वपूर्ण नहीं है । इसलिए हो सकता है कि वे आपके दिए हुए हर कार्य को बड़े आराम से करें जिससे आपके कुछ महत्वपूर्ण कार्यों की अनदेखी हो सकती है ।
यदि आप अपने कर्मचारियों को समझना चाहते हैं तो ये तरीके आजमा कर देखिए...
"किसी का व्यवहार देखना है तो उसे ज्यादा सम्मान देकर देखिए" ।
"किसी की आदत देखनी है तो उसे स्वतंत्र करके देखिए" ।
"किसी की नीयत देखनी है तो उसे थोडा कर्ज देकर देखिए" ।
यदि **"किसी के गुण देखने हो तो उसके साथ समय बिताकर देखिए"** ।

जितने बड़े ग्राहक होंगे,
उतना ज्यादा निचोड़ेंगे

आपने यह कहावत सुनी होगी कि **"जितनी बड़ी मुर्गी उतना छोटा अंडा"** । अतः हो सकता है कि व्यापार में आपको अलग-अलग तरह के ग्राहक मिलें, परंतु सामान्यतः दो तरह के ग्राहक मिलेंगे । पहले वे जो छोटे अमाउंट में

डील करते हैं और दूसरे वे जो बड़ा अमाउंट देते हैं । छोटे अमाउंट में डील करने वाले ग्राहक तो ठीक है लेकिन जो बड़े अमाउंट में डील करते हैं वे आपको ज्यादा निचोड़ने की कोशिश करेंगे । याने आपके पास कुछ भी प्रॉफिट नहीं रहने देंगे और वे चाहेंगे कि पूरा प्रॉफिट उन्हें ही मिल जाए क्योंकि वे आपको ज्यादा अमाउंट दे रहे हैं ।

लेकिन आप उनसे डील करते समय अपना मार्जिन कम मत कीजिए बल्कि कुछ तरीके अपनाकर स्वयं के मार्जिन को सुरक्षित रखिए, जैसे...

- ✓ उन चीजों के दाम पहले से ही बढ़ाकर रखिए ।
- ✓ मोलभाव करते समय स्वयं को बहुत परेशान दिखाएं ।
- ✓ उन्हें समझाएं कि उस कीमत में देना असंभव है।
- ✓ अत्यधिक मोलभाव की स्थिति में टेबल से उठ जाएं ।
- ✓ थोड़ा अड़े रहें और एक स्तर से नीचे दाम ना जाने दें ।

इससे सामने वाले को पता चलेगा कि आप उस अमाउंट से नीचे नहीं जा सकते तो हो सकता है कि वे आपसे ज्यादा मोलभाव ना करें ।

Accounting, Banking & Cash आपके हाथ में होना चाहिए

व्यापार में वैसे तो हर चीज महत्वपूर्ण है लेकिन कुछ चीजें कम महत्त्व रखती हैं और कुछ चीजें ज्यादा । अतः ज्यादा महत्त्वपूर्ण चीजों को स्वयं के नियंत्रण में रखने से आपको बेहतर परिणाम मिलेंगे, जैसे A.B.C.

A = अकाउंटिंग :- अकाउंटिंग किसी भी व्यापार की रीढ़ की हड्डी होती है, जिसमें जरा सी चूक या हेराफेरी आपको लाखों, करोड़ों का नुकसान पहुंचा सकती है । अतः अकाउंटिंग के लिए भले ही आप अच्छे अकाउंटेंट नियुक्त करें लेकिन आपकी ओर से निगरानी जरुरी है ।

B = बैंकिंग :- बैंकिंग से जुड़ी दर्जनों ऐसी छोटी-बड़ी जानकारियां हैं जिन्हें समझकर आप बैंक से अनेक फायदे ले सकते हैं । पर यदि जानकारी के अभाव में आप बैंक से फायदा नहीं ले पाए तब भी बैंक आपसे फायदा जरुर लेगा ।

C = कैश :- कैश पर भी आपकी पूरी नजर होनी चाहिए क्योंकि कैश व्यापार का सबसे महत्वपूर्ण हिस्सा है और जरा सी नजरअंदाजी या लापरवाही से किसी व्यक्ति को घोटाला, गबन या चोरी का मौका मिल सकता है ।

सफल व्यापारी बनने के लिए उच्च शिक्षा उतनी आवश्यक नहीं है

सफल व्यापारी बनने के लिए जो विशिष्ट गुण होने चाहिए उस लिस्ट मे डिग्री उतनी आवश्यक नहीं है । क्योंकि वास्तविक शिक्षा और डिग्री में अंतर होता है । सही मायने में वास्तविक शिक्षा वही है जो समय के साथ मेहनत, लगन और अनुभव से प्राप्त होती है एवं व्यक्तिगत व व्यावसायिक रूप से जीवन भर आपकी सहायक होती है ।

"फर्जी डिग्री बनवा लेना, नकल करके पास होना, डिग्री खरीदना और सिर्फ डिग्री के लिए पढ़ने वाले लोग किस हद तक सफल हो पाएंगे यह तो वक़्त ही बताएगा", क्योंकि अक्सर हमने देखा है कि बड़ी-बड़ी डिग्रीयों वाले लोग भी आसान से जॉब नहीं कर पाते जबकि व्यापार तो तुलनात्मक रूप से चुनौतियों भरा है ।

इसके विपरीत बड़ी डिग्रियों के बिना भी लेकिन **(वास्तविक शिक्षा)** के साथ लोगों ने अपने व्यापार में इतना अच्छा प्रदर्शन किया है कि उनमें से कुछ लोग तो आज विश्व के लिए मिसाल बन गए हैं । जैसे कि, **घनश्यामदास बिड़ला, धीरुभाई अम्बानी, जे.आर.डी. टाटा, साहू शांति प्रसाद जैन, श्रीरामकृष्ण डालमिया** । ये सभी लोग उच्च डिग्री धारी नहीं थे लेकिन फिर भी इन सभी ने अपनी मेहनत और लगन से अपने

व्यापार को बुलंदियों तक पहुंचाकर इस बात का प्रमाण दिया कि सफल होने में वास्तविक शिक्षा की अहम भूमिका होती है ।

इंटरपर्सनल स्किल, पीपल हैंडलिंग स्किल व कम्युनिकेशन स्किल

ये तीनों ही स्किल व्यापारियों के लिए इतनी महत्वपूर्ण है कि बाकी स्किल इनके सामने कम मायने रखती है ।

"Inter Personal Skill" - सभी को एक दूसरे से मिलाकर रखना, अपने ऑर्गेनाइजेशन में कड़ी से कड़ी जोड़कर रखना व किसी के साथ भेदभाव या ऊंच-नीच नहीं बल्कि कॉमन ऑब्जेक्टिव के साथ काम करे तो ऐसी स्किल को कहते हैं **'इंटरपर्सनल स्किल'** और यह सभी व्यापारियों में होनी चाहिए।

"People Handling Skill" - यदि आपके पास यह स्किल ना हो तो करोड़ों की डील कैंसिल हो सकती है, रिश्ते बनने से पहले बिगड़ सकते हैं, ग्राहक सामान खरीदे बिना वापस जा सकते हैं । यदि आप भी यह चाहते हैं कि ग्राहक आप से जुड़े रहें और लंबे समय तक आपके साथ व्यापार करते रहें तो लोगों को हैंडल करने की यह कला भी आपको सीखनी चाहिए ।

"Communication Skill" - आप अपनी बातों को कितने असरदार और प्रभावशाली ढंग से कह पाते हैं लोगों की बातें कितने अच्छे से सुन और समझ पाते हैं उसी अनुसार लोग आपको सम्मान और महत्व देंगे एवं आपसे डील करना पसंद करेंगे, याने कि **'कम्युनिकेशन स्किल'** भी बहुत महत्वपूर्ण है ।

पहले बचत करें फिर खर्च करें

यदि आप भी व्यापार में तरक्की करना चाहते हैं तो इस नियम का पालन करने से आपको लाभ ही होगा । यह कोई नया नियम नहीं है बल्कि **"हमारे**

पूर्वजों, माता-पिता एवं शिक्षकों ने किसी ना किसी रूप में हर बार हमें समझाया ही है कि पहले बचत करें फिर खर्च करें" और व्यापार में अब इस नियम की ज्यादा जरूरत पड़ने वाली है।

कुछ लोग यह सोचते हैं कि खर्च करने के बाद जितना पैसा बचेगा वह उनकी बचत हो गई । दूसरी तरफ कुछ लोग ऐसे भी हैं जो पहले बचत की राशि या प्रतिशत निश्चित कर लेते हैं, और फिर उतने पैसे बचत खाते में या किसी उपयुक्त जगह निवेश करने के बाद बचे हुए पैसों को खर्च करते हैं, अतः निर्विवाद रूप से इस नियम का पालन करने वाले व्यापारी अपेक्षाकृत ज्यादा सफल होते हैं । ईश्वर ना करे कि आपके जीवन में कभी कोई बुरा समय आए, फिर भी यदि ऐसा कुछ हुआ तो वह राशि आपके बहुत काम आएगी । और अगर आपका समय अच्छा चलता रहा तो भविष्य में बड़ी रकम के रूप में आपको वापस भी मिलेगी ।

व्यापार में हर दिन का कार्य उसी दिन पूरा कीजिए

एक कहावत है कि, **"समय मत लगाओ यह तय करने में कि क्या करना है, वरना समय यह तय कर लेगा कि आपका क्या करना है"** । व्यापार में आपके सामने हर दिन एक नया काम आ सकता है और यदि पहले के काम ही पेंडिंग पड़े हैं तो आपके पास पेंडिंग कामों का अंबार लग जाएगा और फिर आप अस्त-व्यस्त हो जाएंगे । जिसकी वजह से ज्यादातर समय आप उलझन में रहेंगे, फलस्वरूप कोई क्रिएटिव, इनोवेटिव या नया काम नहीं कर पाएंगे । कहने का तात्पर्य यह है कि आप अपने व्यापार को बढ़ाने के लिए पर्याप्त समय नहीं निकाल पाएंगे क्योंकि आपको अपने पेंडिंग कामों से ही फुर्सत नहीं मिलेगी ।

इसलिए कहा जाता है कि हर दिन का काम उसी दिन पूरा करने के बाद ही व्यापारिक स्थल या प्रतिष्ठान से घर वापस जाएं । इस आदत को अपनी टीम में भी विकसित कीजिए ताकि वे हर दिन का काम उसी दिन पूरा करें । यदि

आपके पास काम ज्यादा है और समय कम, तो कोशिश करें कि दिन की शुरुआत जल्दी हो । क्योंकि **"यदि आप औरों के मुकाबले सुबह 2 घंटे पहले उठ जाते हैं तो आपके पास 90% लोगों से ज्यादा समय होता है"** ।

अपनी फील्ड के सफल व्यापारियों के साथ समय गुजारें

अक्सर देखा गया है कि जिन लोगों के साथ हम ज्यादा समय गुजारते हैं धीरे-धीरे उनके जैसे ही बनने लगते हैं । मतलब संगति का असर तो होता है, तो क्यों ना इसका फायदा स्वयं को बेहतर बनाने में लिया जाए और यदि आप भी सफल व्यापारी बनना चाहते हैं तो आपको...

- ✓ बड़े एवं सफल व्यापारियों का अनुसरण करना होगा ।
- ✓ उनसे व्यापार करने के तरीके सीखने होंगे ।
- ✓ उनका रवैया व दृष्टिकोण अपनाना होगा ।
- ✓ उनके जैसी समझ लानी होगी ।
- ✓ उन्हीं की तरह निर्णय लेने का कौशल विकसित करना होगा ।

जिससे धीरे-धीरे आप में भी उनके जैसे सोचने समझने की शक्ति विकसित होने लगेगी और आप उनके जैसे निर्णय लेने लगेंगे एवं आपमें भी उनकी तरह व्यावहारिकता एवं कार्यकुशलता दिखने लगेगी । जिससे आप भी अपने व्यापार या फील्ड में सफल व्यापारी बन सकते हैं इस पर कहावत है कि **"यदि आप लोगों से भरे किसी ऐसे कमरे में है, जहां आप ही सबसे ज्यादा पावरफुल हैं तो आप एक गलत कमरे में है"** । अतः अपने से बड़े, सफल एवं अनुभवी लोगों के साथ समय गुजारें जिनसे सीखकर आप भी जल्दी ही सफल व्यापारी बन सकें, क्योंकि **"आपकी संगति ही आपका निर्माण करती है"** और आप जैसे लोगों के साथ रहते हैं वैसे ही बनने लगते हैं ।

हर चीज की कीमत होती है,चाहे शांति हो, सुविधा हो या सुरक्षा

आपको व्यापार में सफल होकर बहुत सारे पैसे कमाने है जिसमें आपको सुविधाएं भी चाहिए सुरक्षा भी और मन की शांति भी तो आपको उनकी कीमत भी चुकानी पड़ेगी । अतः सबसे पहले आप यह सोचिए कि उनकी कीमत आपको किस रूप में अदा करनी है । हो सकता है कि इसके लिए आपको अल्पकालीन तकलीफें उठानी पड़े या अपने कम्फर्ट जोन से बाहर भी निकलना पड़े, क्योंकि **"कुछ पाने के लिए कुछ खोना भी पड़ता है"** जैसे...

❖ **सुविधाओं के लिए** :- व्यापार में श्रम और बुद्धि दोनों का इस्तेमाल करें, अति कंजूसी को छोड़े, थोड़े उदारवादी बने, भौतिक सुख सुविधाओं एवं आवश्यक साधनों पर भी थोड़ा खर्च करें ।

❖ **शांति के लिए** :- प्राकृतिक माहौल में रहिए, दोस्तों को समय दीजिए, नींद पूरी लें, योगा और मैडिटेशन करें, कर्ज व अत्यधिक तनाव से बचें, संगीत सुने, यात्रा करें, बच्चों के साथ खेलें एवं स्वयं को भी समय दें ।

❖ **सुरक्षा के लिए** :- सुरक्षा के साधनों में सी.सी.टीवी, बीमा, सिक्यूरिटी गार्ड आदि बहुत जरूरी है । फैक्ट्री एवं मैनुफैक्चरिंग इकाई में भी सुरक्षा का ध्यान रखें जैसे ऊँची बाऊंड्री वाल, लॉकिंग सिस्टम, शटर, मजबूत दरवाजे या गेट आदि के उपयोग से आप निश्चिंत होकर व्यापार कर सकते हैं ।

रणनीति भले ही शानदार हो, फिर भी परिणामों पर नजर डालते रहिए

व्यापार में आपकी रणनीति कितनी ही शानदार क्यों ना हो परिणामों पर भी नजर इसलिए रखना चाहिए, क्योंकि जैसे आप चाहते हैं वैसे परिणाम ना मिल पाने के निम्नलिखित कारण हो सकते हैं :-

- ✓ गलत इनपुट या प्रोसेस, अकुशल कर्मचारी, मार्गदर्शन की कमी ।
- ✓ आपकी अनदेखी, लापरवाही, अयोग्य कर्मचारी, गैर जिम्मेदारी ।
- ✓ काम टालना, समय का खराब प्रबंधन ।
- ✓ कम्फर्ट जोन से बाहर नहीं निकलना, जोखिम ना लेना ।
- ✓ समय रहते गलतियां ना सुधार पाना, अड़ियल रवैया आदि हो सकते हैं ।

इसके अलावा भी कुछ कारण हो सकते हैं जिनकी वजह से अपेक्षित परिणाम नहीं आ रहें हैं । इसलिए आप सबसे पहले तो सही कारण जानने की कोशिश करें, उसके बाद निर्णय लें कि आपकी रणनीति में कितने और कैसे बदलाव करने हैं, कहां-कहां और ज्यादा ध्यान देने की जरुरत है, क्योंकि **"घास वहीं की सूखेगी जहां पर आपने पानी नहीं डाला होगा"** ।

लोग जानते हैं कि उन्हें क्या करना है, लेकिन करते कुछ और हैं

सभी व्यापारी अनजान अनभिज्ञ या अनुभवहीन नहीं होते हैं बल्कि कुछ व्यापारी बंधुओं को यह मालूम होता है कि व्यापार में क्या-क्या करना है ।

जैसे...

✓ कौन से प्रोडक्ट या सर्विस में डील करना है ।
✓ कितना मार्जिन या दाम रखना है ।
✓ कितना डिस्काउंट या ऑफर रखना है ।
✓ सीजन और त्यौहार में बिक्री कैसे बढ़ानी है ।
✓ स्टॉक कब, कहां, कैसे और कितना मैंटेन करना है ।
✓ ऑफिस, शॉप या शोरूम की बनावट और डिजाईन कैसी रखनी है ।
✓ विज्ञापन कब, कैसे और कहां देना हैं ।
✓ कर्मचारियों से संबंधित नियमावली कैसे निश्चित करना है ।

इसी तरह और भी दर्जनों चीजें होती हैं जो व्यापारी बखूबी जानते हैं लेकिन वे जानते हुए भी अक्सर **"उन कार्यों को नहीं कर पाते हैं जो उन्हें करना चाहिए और उन कार्यों को करते हैं जो उन्हें नहीं करना चाहिए"** । अगर व्यापार में आपसे भी इसी तरह की गलतियां हो रही है तो थोड़ा ध्यान दें ।

सफलता की यात्रा में लोगों की प्रतिक्रिया

यदि आप कोई नया व्यापार शुरू कर रहे हैं या फिर कोई नया काम करने जा रहें हैं जो आमतौर पर लोग नहीं करते हैं । तब आपके सामने भी ऐसी स्थिति बन सकती है जिसमें आपके करीबी दोस्त, रिश्तेदार, पड़ोसी, परिवार के सदस्य या अन्य जान पहचान के लोग जिन्होंने कभी उस तरह का काम नहीं किया है और ना ही किसी को ऐसा काम करते हुए देखा है तो वे आपको कुछ नया, अलग या बेहतर करते देख अलग-अलग प्रतिक्रियाएं देंगे ।

जिसमें वे पहले आप पर ध्यान ही नहीं देंगे... यदि ध्यान देना शुरू कर भी दिया तो फिर वे आपको मना करेंगे, परंतु उनके मना करने के बाद भी आप नहीं रुकते हैं तो फिर वे आप पर हसेंगे, फिर भी यदि आप नहीं रुके तो आपका विरोध होगा । अगर आपने ऐसी नकारात्मक सोच वाले लोगों की बातों में आकर अपना व्यापार या कार्य बीच में ही छोड़ दिया तो इसमें आपका ही नुकसान होगा । इसलिए पूरी दृढ़ता से अपने लक्ष्य की तरफ

बढ़ते रहना, अंततः जीत आपकी होगी और किसी ने सही कहा है कि **"जिंदगी में मुकाम हासिल करने के लिए काम पर फोकस करो लोगों की बातों पर नहीं"**।

व्यापार में आप कोई आदत चुनते हैं तो उसका नतीजा भी चुनते हैं

कर्म का नियम कहता है कि **"आप जो भी करते हैं उसका फल आपको ही मिलता है"** और कुदरत के इस नियम को हम बदल नहीं सकते। तो फिर क्यों ना हम अपनी आदतों के परिणाम की जिम्मेदारी स्वयं लें। यदि गौर से देखा जाए तो इस दुनिया में अधिकांश लोगों की सबसे बड़ी बीमारी यह है कि **"मेरी कामयाबी की वजह मैं स्वयं हूँ और मेरी असफलता की वजह कोई और है"**, इस बीमारी से करोड़ों लोग ग्रसित हैं, जबकि सच्चाई यह है कि आपकी सफलता और असफलता दोनों की वजह आप स्वयं ही है। इसलिए अपने व्यापार की सफलता और असफलता की जिम्मेदारी आपको ही लेनी होगी। अतः आप भी सोच समझकर अपनी आदतें चुने और ऐसी आदतें चुने जिनके परिणाम लाभकारी हों जिनसे आप सफलता की राह पर तेजी से दौड़ सकें।

डिजिटल तरीके से तुरंत पेमेंट लेने की आदत विकसित करें

अब वो दिन नहीं रहे जब आपको पैसों के लेनदेन के लिए कैश की जरुरत पड़ती थी और कैश में ही सामान खरीदना व बेचना पड़ता था जिसमें दर्जनों परेशानियां होती थी, जैसे...

✓ ग्राहकों से कैश लेना व अपने पास सुरक्षित रखना।
✓ रोजाना कैश घर ले जाना व दूसरे दिन बैंक में जमा करना।
✓ कैश निकालते या जमा करते वक़्त घंटो बैंक की लाइन में खड़े रहना।

✓ कैश लेकर सामान खरीदने जाना व वेंडर एवं सप्लायर को कैश देना ।

इस तरह हर जगह कैश का इस्तेमाल असुरक्षित होता था, हालांकि चेक सिस्टम आने से काफी सरलता हो गयी थी और फिर एटीएम व इंटरनेट बैंकिंग के माध्यम से ऑनलाइन ट्रांसफर अपेक्षाकृत आसान हो गया । लेकिन अब तो यह काम मोबाइल की मदद से कुछ सेकंड में हो जाता है । बस आपको कुछ एप डाउनलोड करके अपने बैंक अकाउंट से लिंक करना होता है, जिसमें नई पीढ़ी बहुत एक्सपर्ट है । अतः आप भी अपने व्यापार में इसका भरपूर फायदा लीजिए और कोशिश कीजिए कि पेमेंट लेने व देने के लिए इस माध्यम का इस्तेमाल करें ।

मानसिक शांति और व्यापार में छत्तीस का आंकड़ा नहीं होता

नौकरी के अनुभव वाले कुछ लोग पहली बार जब स्वयं का व्यापार शुरू करते हैं तो उनके सामने एक समस्या आती है कि वे मानसिक शांति के साथ समझौता नहीं कर पाते । क्योंकि इतने वर्षों से उनकी आदत लगभग आठ घंटे जॉब करने की रही है और उसके बाद उनकी कोई जिम्मेदारी नहीं होती थी, भले ही उनके जाने के बाद ऑफिस में आग लग जाए, वे दूसरे दिन अपने पूर्व निर्धारित समय पर ही कार्यस्थल पहुँचते थे । लेकिन व्यापार में चौबीसों घंटे आपकी जिम्मेदारी होती है व उनका निर्वाहन भी आपको ही करना होता है ।

क्योंकि व्यापार की शुरुआत में हर जगह एक नई समस्या मुंह खोले खड़ी रहेगी और उन समस्याओं का निवारण भी आपको ही करना होगा । तो ऐसा भी हो सकता है कि उन व्यापारियों को यह लगे कि वे व्यापार तो कर रहे हैं लेकिन उन्हें मानसिक शांति क्यों नहीं मिल रही है ? वे बिखरे-बिखरे से क्यों हैं ? हर जगह समस्याएं ही समस्याएं क्यों हैं ? कुछ लोग उनसे यह भी कहेंगे कि **"या तो पैसे कमा लीजिए या फिर सुकून भरी जिंदगी जी लीजिए"** । परंतु इस बात को पूर्णतः स्वीकार करना सही नहीं होगा, क्योंकि हम सब जानते हैं कि कोई भी समस्या स्थाई नहीं होती और लगातार कोशिश करते रहने से सभी रास्ते खुल जाते हैं और समय के साथ धीरे-धीरे उन समस्याओं का समाधान भी निकल जाता है ।

दूध और पानी में अंतर समझिए

इस बात को समझने के लिए हम हंस का उदाहरण ले सकते हैं... जिसके बारे में ऐसी मान्यता है कि यदि उसे दूध में पानी मिलाकर दे दिया जाए तो वह दूध पी लेगा और पानी छोड़ देगा । याने उसका ध्यान सिर्फ अपने काम की चीज पर रहता है । इसी प्रकार व्यापार में भी कई बार आपके सामने पानी मिला हुआ दूध आ सकता है, जैसे टाइमपास लोग, कम बिकने और कम मार्जिन वाले प्रोडक्ट या सर्विस आदि सामने आए तो उस समय आप हंस की कहानी याद रखें ।

इसके साथ ही एक व्यापारी को अपने कर्मचारियों, ग्राहकों, कंपनी और सप्लायर को चुनते समय इस बात का भी ध्यान रखना होगा कि वे **"पानी जैसे है या दूध जैसे"** क्योंकि दूध को दही बनाकर यदि उसका मंथन किया जाए तो मक्खन मिलता है, लेकिन **"पानी का जीवन भर भी मंथन करें तब भी वह पानी ही रहेगा"** ।

'फॉलोअप' में बहुत ताकत होती है

भले ही आपके पास अनुभव, शिक्षा या स्किल की कमी हो और किसी का सहयोग व मार्गदर्शन भी नहीं मिल रहा हो लेकिन फिर भी एक चीज ऐसी है जो यदि आपमें है तो आपका काम हो सकता है, और वह है **'फॉलोअप'** । याने किसी कार्य के लिए लोगों से लगातार जुड़े रहना, उनसे आग्रह करना व उन्हें अपनी बातों से राजी कर लेना । क्योंकि अक्सर देखा गया है कि जब किसी से कोई काम लेना हो या अपनी बात मनवाना, अप्रूवल लेना हो या उधारी वसूलना, नौकरी मांगना हो या प्रोडक्ट बेचना, तब **'फॉलोअप'** से काम होने की संभावना बढ़ जाती है ।

अक्सर आपने बीमा एजेंट को **'फॉलोअप'** की कला का बेहतर इस्तेमाल करते हुए देखा होगा...यदि वे किसी के पीछे लग गए तो आखिरकार उन्हें बीमा देकर ही छोड़ते हैं । बीमा कंपनी के विज्ञापन में भी यह लिखा होता है

कि **"बीमा आग्रह की विषय वस्तु है"** मतलब **'फॉलोअप'** करने से सफलता मिलेगी । वैसे कोई व्यक्ति एक बार में ही आपकी बात मान ले ऐसा जरूरी नहीं है इसलिए बार-बार जाकर उनसे मिलने, बातें करने और समझाने आदि से वे सहमत हो सकते हैं ।

व्यापार मतलब समस्या का समाधान

यदि आप किसी समस्या का समाधान नहीं निकाल पाते हैं तो हो सकता है कि आप ही समस्या का कारण हैं । एक कहावत भी है कि **"यदि आप समाधान का हिस्सा नहीं हैं तो आप ही समस्या हैं"** । अक्सर देखा गया है कि किसी भी सर्विस या प्रोडक्ट की सफलता की संभावना तब बढ़ जाती है जब वह ग्राहकों की किसी समस्या का समाधान देता हो । क्योंकि दुनिया में ऐसी सैकड़ों कंपनियां हैं जिन्होंने अपने प्रोडक्ट या सर्विस के जरिए ग्राहकों को उनकी समस्या का समाधान दिया, जैसे...

- ➤ अमेज़न और फ्लिप्कार्ट जैसी कंपनियों ने बाहर जाकर खरीददारी की झंझट से छुटकारा दिलाया ।
- ➤ Jio ने डेटा सस्ता करके इंटरनेट व सोशल मीडिया के इस्तेमाल की लिमिटेड पाबन्दी से मुक्त किया ।
- ➤ ऑडियो कैसेट से CD का उपयोग आसान था और CD से ज्यादा पैन ड्राइव का ।
- ➤ किक से स्टार्ट करने की समस्या को सेल्फ स्टार्ट ने समाधान दिया ।
- ➤ कलर TV ने B&W TV को रिप्लेस किया, TV को LCD ने और LCD को LED ने ।
- ➤ डीजल व पेट्रोल से चलने वाली गाड़ियां अब बैटरी से चलने लगी हैं ।

यदि देखा जाए तो हर बार पिछली समस्या को दूर करके बेहतर विकल्प लाया गया । "टेलीफोन के बाद कॉर्डलेस, फिर मोबाइल (फीचर फोन) का आना, जिसमें सिर्फ कॉल और मैसेज कर पाते थे और अब स्मार्ट फोन, यह सब पिछली समस्याओं का समाधान ही तो है" । अतः आप भी इस बात का ध्यान रखते हुए व्यापार शुरू करते हैं तो आपको तुलनात्मक रूप से ग्राहकों का अच्छा प्रतिसाद मिलेगा ।

आउटपुट की जगह इनपुट का टारगेट रखना बेहतर परिणाम देता है

अधिकांश लोग इनपुट का नहीं बल्कि आउटपुट का टारगेट रखते हैं इसलिए वे जल्दी हार मान लेते हैं । गलत रास्ते से टारगेट पूरा करने की आदत बना लेते हैं या फिर उनको सिर्फ क्षणिक या आंशिक सफलता से ही संतोष करना पड़ता है । उनके आउटपुट के टारगेट कुछ ऐसे होते हैं, जैसे "कार, बंगला, प्रॉपर्टी, कैश, टर्नओवर, बचत, विदेश यात्रा, सोना-चांदी, फैक्ट्री, फार्म हाउस आदि" । जबकि यह सब आपकी सफलता के 'By Product' (व्यापार में कमाए गए रुपयों से खरीदी हुई चीजें/सुविधाएं आदि) हैं । अतः आप भी कोशिश कीजिए कि व्यापार में आउटपुट को टारगेट ना बनाएं ।

यदि आप व्यापार में सफल हो जाते हैं तो इन सभी चीजों को खरीदकर उनका आनंद ले सकते हैं । अतः आप आउटपुट की जगह यदि इनपुट का टारगेट रखेंगे तो बेहतर साबित होगा । उदाहरण के लिए इनपुट के टारगेट आप कुछ इस तरह से रख सकते हैं जैसे, "स्वयं और स्टाफ के लिए काम के घंटे, दिशा, अनुशासन, समय पर कार्य पूर्ण करना, वैल्यू एडिशन, प्रोडक्टिविटी, रिव्यु, निरंतरता" आदि...अतः आप भी इनपुट का ध्यान रखेंगे तो मनचाहे आउटपुट पाने से आपको कोई नहीं रोक सकता ।

व्यापार में उकड़ू बैठने वालों की कोई जगह नहीं है

सफल व्यापारी बनने के लिए आपको योजना बनाना भी आना चाहिए और समय पर क्रियान्वित करना भी । क्योंकि व्यापार में दो तरह के लोग कभी सफल नहीं हो पाते, पहले वे जो योजना तो बना लेते हैं लेकिन क्रियान्वयन नहीं कर पाते । दूसरे वे जो बिना योजना के काम शुरू कर देते हैं लेकिन सफलता के लिए दोनों ही जरूरी है, याने **"योजना भी शानदार और क्रियान्वयन भी शानदार"** ।

परंतु कुछ लोग तीसरे प्रकार के भी होते हैं जो प्लानिंग के बाद ऐसे तैयार (उकड़ू) बैठे रहते हैं, जैसे कि वे काम करने के लिए उठकर भागने ही वाले हैं लेकिन वे वर्षों से उकड़ू ही बैठे हुए हैं । जिससे स्वयं व दूसरों को यह लगे कि सारी तैयारियां हो चुकी है और अब किसी भी समय फ्लाइट टेकऑफ कर सकती है । लेकिन हफ्तों और महीनों तो छोड़िए, कई साल बीत जाने के बाद भी वे उकड़ू ही बैठे हैं, याने सिर्फ तैयार बैठे हैं । अतः ऐसे लोगों की सफलता में हमेशा संशय ही रहेगा, इसलिए उकड़ू मत बैठिए और यदि आप तैयार हो चुके हैं तो अब ज्यादा मत सोचिए, किसी शुभ घड़ी या साथी का इंतजार भी मत कीजिए और योजना के अनुसार काम शुरू कर दीजिए ।

पहली बार में कुछ नहीं होता

वर्ल्ड फेमस आर्टिस्ट **"पाब्लो पिकासो"** स्पेन में एक जगह बैठे हुए थे, तभी एक महिला ने उनसे पेंटिंग बनाकर देने का निवेदन किया । पाब्लो पिकासो ने पेंसिल से पेपर पर एक आकृति बनाकर दे दी, जब उस महिला ने बाजार में जाकर उसकी कीमत पूछी तो दुकानदारों ने कहा की यह पेंटिंग कम से कम तीस लाख की है । अब वह महिला भागी-भागी **"पाब्लो पिकासो"** के पास आकर बोली कि मुझे भी आप ऐसी ही पेंटिंग बनाना सिखा दीजिए, ताकि मैं भी तीस सेकंड में पेंटिंग बनाकर लाखों करोड़ों कमा सकूं । तब

"पाब्लो पिकासो" ने कहा कि, "जिस पेंटिंग को आप तीस सेकंड में बनाकर तीस लाख कमाना चाहती हैं, उस पेंटिंग को तीस सेकंड में बनाने के लिए मुझे तीस साल की प्रैक्टिस लगी है"।

इसी तरह...

> चाहें वे क्रिकेट के भगवान कहे जाने वाले **"सचिन तेंदुलकर"** हो या सदी के महानायक **"अमिताभ बच्चन"**।

> Alibaba.com के मालिक **"जैक मा"** हो या टेस्ला कंपनी के मालिक **"एलन मस्क"**।

> भारत के अमीर व्यक्ति **"धीरुभाई अम्बानी"** हो या अमेरिका के **"हेनरी फ़ोर्ड"**।

इन सभी ने कई वर्षों तक दिन-रात एक ही काम की प्रैक्टिस की हैं, सोचिए कितना नीरस होता होगा लगातार एक ही काम को रोजाना बारह से पंद्रह घंटे करना, जिसमें गारंटी भी नहीं है कि आप सफल हो ही जाएंगे। इसलिए आपके पास जब भी कोई नया या बेहतर आइडिया आए तो कम से कम उसे दस बार जरुर ट्राई करें। क्योंकि ऐसा देखा गया है कि एक बार में कोई भी सफल नहीं हो पाता, लेकिन बार-बार प्रयास करने से सफल होने की संभावना बढ़ जाती है।

कमाई भले ही कम हो लेकिन रुकी होनी चाहिए

व्यापार में कमाई भले ही कम हो लेकिन जितनी भी हो वह आपके काम आए, काम आए से मतलब यह हैं कि या तो बचत के रूप में हो या फिर इन्वेस्टमेंट के रूप में, ना कि पूरी कमाई खर्च हो जाए, ऐसा इसलिए क्योंकि खर्च करने से तो "कुबेर का खजाना भी खाली हो जाता हैं" इसलिए थोड़ा अमाउंट (पूर्व निर्धारित अमाउंट समयानुसार प्रतिशत में) बचाकर जरूर रखें और उचित एवं अलग अलग जगहों पर इन्वेस्ट भी करते रहें,

ताकि कुछ समय बाद वही अमाउंट आपको और अधिक अमाउंट के रूप में वापस मिलें, इसके अलावा बचत और इन्वेस्टमेंट के बहुत से फायदे होते हैं जैसे...

- ✓ पैसो की तंगी नहीं होगी।
- ✓ उधार नहीं मांगना पड़ेगा।
- ✓ लोन आदि के ब्याज से बचे रहेंगे।
- ✓ बचत से किसी अन्य व्यापार के बारे में भी सोच सकते हैं।
- ✓ स्थायित्व या मजबूती (Stability) का अहसास होता रहेगा।

अतः भले ही आपकी कमाई कम हो लेकिन आप उसे रोककर रखें, इससे एक फायदा यह भी होगा कि शुरुआत से ही आपकी बचत और इन्वेस्टमेंट की आदत बनी रहेगी।

बहुत ज्यादा प्रॉब्लमैटिक ग्राहक से डील मत कीजिए

हर व्यापार में कुछ ग्राहक ऐसे होते हैं जो बहुत ज्यादा प्रॉब्लमैटिक होते हैं, वे कभी संतुष्ट नहीं होते या फिर असंतुष्ट होने का दिखावा करते रहते हैं। वे आपसे कम से कम दाम में ज्यादा से ज्यादा फायदा लेने में विश्वास रखते हैं, साथ ही आपसे इस तरह शिकायत करते रहते हैं मानो वे ग्राहक बनकर आप पर एहसान कर रहे हो। तो अगर आपको लगता है कि कोई ग्राहक इतना प्रॉब्लमेटिक है तो उनसे डील मत कीजिए।

क्योंकि ऐसे ग्राहकों से डील करने के बाद हर समय वे आपसे लगातार शिकायत करते रहेंगे और हो सकता है कि वे आपको परेशान भी कर दें... जिसकी वजह से आपके दूसरे काम, अन्य ग्राहक एवं व्यापार आदि डिस्टर्ब हो सकते है। अतः उन्हें **'ना'** कहना पड़े तो भी कहिए, लेकिन आपके **'ना'** कहने के तरीके में **"विनम्रता और दृढ़ता"** (Politeness & Firmness) होनी चाहिए।

कम दाम वाले सामान से दिखाना शुरू कीजिए

इसका सबसे बड़ा फायदा यह होगा कि आपको अपने प्रोडक्ट को बेचने में आसानी होगी । ऐसा इसलिए क्योंकि यदि आपने ग्राहकों को शुरू में ही सबसे अच्छा प्रोडक्ट दिखा दिया तो हो सकता है कि वह प्रोडक्ट ग्राहक को पसंद तो आ जाए । लेकिन कीमत की वजह से गाड़ी अटक सकती है क्योंकि दुकानदार को भी सभी ग्राहकों का बजट पहले से मालूम नहीं होता है, और यदि बाद में आप ग्राहकों को कम कीमत वाले प्रोडक्ट्स दिखाते हैं तो उनके दिमाग में तो वही पहले वाला प्रोडक्ट अटका हुआ है जिस वजह से हो सकता है कि **"वे आपसे ऐसी डिमांड करें कि आप उन्हें कम रेट में उसी तरह का कोई दूसरा प्रोडक्ट दिखाएं या फिर वही प्रोडक्ट उन्हें कम रेट में दे दें"**।

वैसे आप बखूबी जानते हैं कि दोनों में से किसी भी शर्त को मान लेना व्यापार के लिए अनुकूल नहीं है । अतः जब भी आप ग्राहकों को प्रोडक्ट दिखाना शुरू करें तो सबसे पहले कम रेट वाले प्रोडक्ट से ही शुरुआत करें फिर यदि ग्राहक ने कहा कि इससे अच्छा प्रोडक्ट दिखाइए तब आप क्रमशः कम रेट से ज्यादा रेट के प्रोडक्ट्स की तरफ बढ़े । ऐसा करने से ग्राहकों को उनके पसंदीदा प्रोडक्ट को बजट में खरीदने में आसानी होगी ।

विज्ञापन में ज्यादा प्रतिशत वाला डिस्काउंट दिखाइए

आप व्यापार में जिन प्रोडक्ट्स की बिक्री करते हैं यदि उनकी बिक्री बढाने के लिए आपने कोई ऑफर निकाला है तो बेहतर होगा कि आप विज्ञापन में सबसे ज्यादा प्रतिशत वाले ऑफर को ही हाईलाइट करें । इस तरह के ऑफर पचास, साठ या सत्तर प्रतिशत तक के भी हो सकते हैं जो कि चुनिंदा प्रोडक्ट्स के लिए पूर्व निर्धारित होंगे । बाकी के प्रोडक्ट्स में आप

साधारणतः दस या बीस प्रतिशत का भी ऑफर रखें तब भी आपको सबसे ज्यादा प्रतिशत वाला ऑफर हाइलाइट करना चाहिए।

अब ऐसे में ग्राहक आपके विज्ञापन में ज्यादा प्रतिशत वाला ऑफर देखकर आपकी शॉप या शोरूम तक तो आ ही जाएंगे। फिर आप उन्हें दस प्रतिशत से लेकर साठ या सत्तर प्रतिशत तक के सभी प्रोडक्ट्स दिखा सकते हैं, फिर ग्राहक की मर्जी... वे चाहे कितने भी प्रतिशत वाले प्रोडक्ट खरीदें। इससे बिक्री तो बढ़ेगी ही साथ ही ग्राहकों को बहुत से विकल्प भी मिलेंगे।

फोन पर डिस्काउंट बताना
व्यापार की कब्र खोदने जैसा है

अधिकतर प्रतिस्पर्धी आपके प्रोडक्ट या सर्विस के रेट्स, ऑफर, उधारी की सुविधा और पॉलिसी आदि को जानने के लिए फर्जी ग्राहक बनकर आप से फोन पर पूछताछ कर सकते हैं। आप चाहें तो उन्हें सारी सुविधाएं और फीचर्स आदि बता सकते हैं लेकिन आप उन्हें डिस्काउंट के बारे में फोन पर ना ही बताएं तो बेहतर होगा।

अक्सर व्यापारी बंधु किसी को भी फोन पर डिस्काउंट आदि बता देते हैं जिससे वे अपनी बंद मुट्ठी खोल देते है और एक कहावत भी है कि **"बंद मुट्ठी लाख की और खुल गई तो खाक की"**। ऐसे में उस प्रोडक्ट की वैल्यू कम हो सकती है या हो सकता है कि फोन पर ही सभी जानकारियां मिल जाने से ग्राहक आपकी दुकान तक ना आएं, कई बार प्रतिस्पर्धी इस बात का फायदा भी उठा सकते हैं और व्यापार को नुकसान भी पहुंचा सकते हैं।

इंसेंटिव सभी डिपार्टमेंट को दें

ज्यादातर कंपनियां या तो अपने कर्मचारियों को इंसेंटिव ही नहीं देती या सिर्फ सेल्स डिपार्टमेंट के कर्मचारियों को ही देती है, जिस वजह से दूसरे

डिपार्टमेंट के कर्मचारियों को सौतेलेपन का अहसास होता है । लेकिन यदि आप चाहें तो अपनी कंपनी के सभी डिपार्टमेंट्स के लिए उनके कार्यों की जिम्मेदारियों के आधार पर इंसेंटिव प्लान कर सकते हैं । अतः इंसेंटिव प्लान करते समय आप कुछ बातों का ध्यान रखें तो बेहतर परिणाम मिल सकते हैं...

- ✓ "इंसेंटिव सभी डिपार्टमेंट्स के लिए बनाईए" ।
- ✓ "इंसेंटिव का अमाउंट समय पर दीजिए" ।
- ✓ "इंसेंटिव कमाने में कर्मचारियों की मदद कीजिए" ।

किसी भी ऑर्गेनाइजेशन में अच्छे इंसेंटिव प्लान बनाने के साथ ही उन्हें सही तरह से क्रियान्वित करना भी बहुत आवश्यक है जिसके अनेक फायदे होते हैं । लेकिन सबसे बड़ा फायदा यह होता है कि कर्मचारियों में भरपूर जोश बना रहता है और वे समय पर अपने टारगेट्स पूरे करने की कोशिश करते हैं, जिससे टीम व ऑर्गेनाइजेशन के टारगेट्स भी अचीव होने लगते है ।

व्यापारी हो तो गुस्सा छुपाना सीखना होगा

यदि आप व्यापारी हैं तो ग्राहकों के साथ डील करते समय अपने गुस्से पर नियंत्रण रखना होगा, और यदि गुस्सा आ भी जाए तो उसे छुपाना सीखना होगा । क्योंकि आप भी जानते हैं कि गुस्से से किसी का फायदा नहीं होता बल्कि नुकसान ही होते हैं, जैसे...

- ✓ दूसरों की गलती की सजा आप स्वयं को देते हैं जिसका असर आपके व्यापार पर पड़ता है ।
- ✓ आप गलत शब्दों का इस्तेमाल कर सकते हैं जिससे आपके व्यापारिक संबंध बिगड़ सकते हैं ।
- ✓ जाने-अनजाने में आप स्वयं के कीमती सामान, पैसों और रिश्तों का भी नुकसान कर बैठते हैं ।

✓ स्वयं के चेहरे पर शिकन लाकर आप ग्राहकों की नजर में तुनकमिजाज व्यापारी बन जाते हैं।

अतः व्यापारी बंधुओं को हर परिस्थिति में स्वयं पर काबू रखना आना चाहिए। लेकिन जब बात **"कर्मचारियों से होने वाली गलतियों की हो तब संयमित तरीके से गुस्सा जरूर दिखाना चाहिए, अन्यथा गलत करने वाले कर्मचारियों को उनकी गलती का एहसास नहीं होगा और वे आपके साथ वैसा ही व्यवहार करते रहेंगे"**।

व्यापार में सफेद कोट, काले कोट और खाकी कोट से स्वयं को बचाकर रखिए

अपनी मेहनत व लगन से धन-दौलत तो कमाया जा सकता है लेकिन उसका सही इस्तेमाल करना हर किसी को नहीं आता और लोग अक्सर अपनी कमाई को व्यर्थ खर्च होने से रोक नहीं पाते। इसलिए आप भी यदि व्यापार में कुछ बातों का ध्यान रखकर चलेंगे तो निश्चित रूप से आपको फायदा होगा।

✓ **"सफेद कोट"** :- स्वयं को डॉक्टर से बचाकर रखना बहुत जरूरी है, इसके लिए आपको सेहत का पूरा ध्यान रखना होगा, जिसमें भोजन करने का सही समय, तरीका, मात्रा, गुणवत्ता और गहरी व पर्याप्त नींद अहम भूमिका निभाते हैं। साथ ही नियमित व्यायाम, ध्यान व योग से मानसिक और शारीरिक शक्ति को बल मिलता है।

✓ **"काले कोट"** :- अनुभव की कमी, स्वयं की लापरवाही, दूसरों का हक छीनने या धन संपत्ति के लालच में कुछ लोग ऐसे काम कर बैठते हैं कि ना चाहते हुए भी वे अदालत तक पहुँच जाते हैं, और ऊबाऊ, खर्चीली, बोझिल व कई सालों तक मनोदशा बिगाड़ देने वाली जटिल न्यायिक प्रक्रिया का हिस्सा बन जाते हैं... इस तरह कोर्ट कचहरी में उलझकर वे

अपना बहुमूल्य समय, सीमित ऊर्जा एवं मेहनत से कमाया हुआ पैसा पानी की तरह बर्बाद कर देते हैं ।

✓ **"खाकी कोट"** :- खाकी कोट पहनने वाले जनता की मदद के लिए ही बने है और हमेशा तत्पर भी रहते हैं । लेकिन यहां पर खाकी कोट वालों से दूर रहने से यह अभिप्राय है कि आप असामाजिक, अनैतिक, अनुचित या असंवैधानिक कार्यों से स्वयं को बचाकर रखें । इससे यह होगा कि आपको कानून के रखवालों की मदद की जरूरत भी नहीं पड़ेगी और ना ही वे आपको किसी तरह की सजा देंगे ।

काम सीरियसली कीजिए लेकिन स्वयं सीरियस मत रहिए

कुछ लोग अपने काम को गंभीरता से नहीं करते लेकिन हमेशा गंभीर बने रहते हैं याने वे अपने काम या जिम्मेदारियों को दिमाग में लेकर घुमते रहते हैं... वे उस काम को लेकर इतना ज्यादा सोचते और बातें करते हैं मानो वे अत्यंत परेशान और चिंतित हैं ।
ऐसा इसलिए होता है कि वे अपने कार्यों को वास्तव में पूरा करने की बजाय दिमाग में करते रहते हैं, उदाहरण के लिए दो कर्मचारियों को एक ही काम के लिए भेज दिया जाएं तो उनमें से एक व्यक्ति उस काम को करने के लिए आकाश-पाताल एक कर देगा, पूरी जान लगाकर उस काम को पूरा करके ही वापस आएगा । उसके चेहरे पर न सिर्फ विजेता वाली मुस्कान रहेगी बल्कि वह प्रफुल्लित व संतुष्ट भी दिखाई देगा ।

वही दूसरा कर्मचारी उस काम को अंजाम देने की बजाय स्वयं के दिमाग में खिचड़ी पका लेगा, जैसे कि... कैसे करूँ, कहां जाऊं, किस से मदद लूं, मुझे ही यह काम क्यों सौंपा गया, एक दिन में यह काम कैसे होगा अदि... और इसी तारतम्य में वह पूरा दिन बर्बाद कर देगा और वापस आकर इतनी ज्यादा परेशानियां गिना देगा मानो उसे किसी ने चाँद-तारें तोड़ कर लाने का आदेश दिया हो, ऊपर से उसके चेहरे पर गंभीरता के निशान... जिससे काम देने वाले व्यक्ति को यह लगे कि वाकई यह कर्मचारी अपने काम के प्रति बहुत सीरियस है ।

कहने का आशय आप समझ ही गए होंगे ।

जब तक शर्म का चोंगा नहीं उतारेंगे,
सफलता नहीं मिलेगी

सफल होने के लिए व्यापारी को मोटी चमड़ी रखनी पड़ती है व शर्म का चोंगा भी उतारना पड़ता है । हो सकता है जिन्होंने कभी व्यापार नहीं किया है उनके मन में कुछ इस तरह के विचार आएं जैसे...

✓ लोग मुझे ऐसे काम करते हुए देखेंगे तो क्या कहेंगे ?
✓ मेरे बारे में लोग क्या सोचेंगे ?
✓ मेरी इमेज का क्या होगा ?
✓ स्वाभिमान बेचकर व्यापार कैसे करूं ?
✓ ग्राहकों से मिन्नतें करना कितना अजीब है ।
✓ आर्डर लेने के लिए ग्राहकों के पास जाना याने स्वयं की इज्जत कम करने जैसा है ।

क्योंकि व्यापार की शुरुआत में आपको ज्यादा मेहनत करनी होगी और हो सकता है कि आपको बहुत से लोग (भावी ग्राहक) मना भी करें । लेकिन बार-बार मिलकर उन्हें समझाने से यदि वे आपके प्रोडक्ट या सर्विस लेने के लिए राजी हो जाते हैं तो इसमें आपको किसी भी प्रकार की झिझक या शर्म महसूस नहीं होनी चाहिए, क्योंकि अब यह व्यापार आपका है और स्वयं के व्यापार में कैसी शर्म ?

मंजिल की फितरत है कि वो आप तक नहीं आती

जैसे "प्यासे को कुएं के पास जाना होता है और कुआं प्यासे तक नहीं आता", ठीक उसी प्रकार सफलता प्राप्त करने के लिए अवसरों की तलाश में आपको घर से बाहर निकलना ही पड़ेगा । क्योंकि आपने मंजिल का चयन तो कर लिया है, लेकिन मंजिल की फितरत है कि वह आप तक नहीं आती बल्कि आपको ही मंजिल तक पहुँचने के रास्ते ढूंढने पड़ते हैं । हो सकता है

कि उन रास्तों में आपको बहुत सी परेशानियां या तकलिफें भी आएं, परंतु उनका सामना करते हुए हिम्मत के साथ आगे बढ़ेंगे तो आप मंजिल तक पहुँच जाएंगे ।

क्योंकि **"सफलता की सबसे खास बात यह है कि वह मेहनत करने वालों पर फ़िदा हो जाती है"** । तो बस आप भी मेहनत और लगन से मंजिल की राह पर कदम दर कदम आगे बढ़ना शुरू कर दीजिए और तब तक मत रुकिएगा जब तक आप अपनी मंजिल ना पा लें ।

व्यापार में बारीकी की सबसे ज्यादा जरुरत पड़ेगी

आपने सुना होगा कि कुछ लोगों की नजर बड़ी बारीक याने पारखी **(जो छोटे बदलाव को आसानी से समझ लें)** ऐसी होती है और यहां पर बारीकी शब्द **'नकारात्मक'** नहीं है, बल्कि इस शब्द को बड़े ही **'सकारात्मक'** तरीके से लिया जाना चाहिए, इसी से संबंधित पंक्तियाँ :-

"मंजिल यूं ही नहीं मिलती राही को, जुनून सा दिल में जगाना पड़ता है । पूछा चिड़िया से घोंसला कैसे बनाती हो, वो बोली तिनका-तिनका उठाना पड़ता है"।

यहां व्यापार में बारीकी से मतलब हर छोटी से छोटी बात पर गौर करने से है, ऐसा नहीं है कि सिर्फ ऊपरी तौर से चीजों को देख लिया और हो गया व्यापार । बल्कि किसी भी व्यापार में हर छोटी चीज पर ध्यान देकर...

- ✓ मुनाफा ज्यादा बढ़ाया जा सकता है ।
- ✓ मोलभाव करके सामान कम कीमत में खरीदा जा सकता है ।
- ✓ खर्चों में कटौती की जा सकती है ।
- ✓ बखूबी स्टॉक मेन्टेन किया जा सकता है ।
- ✓ ग्राहकों के लिए स्कीम या ऑफर निकाले जा सकते हैं ।

- ✓ बिक्री बढ़ाई जा सकती है।
- ✓ उधारी भी वसूल की जा सकती है।

परंतु आपको सभी काम स्वयं नहीं करने हैं बल्कि काम के अनुसार कर्मचारियों को ट्रेनिंग दीजिए या फिर किसी प्रोफेशनल ट्रेनर से उन्हें ट्रेनिंग दिलवाएं एवं उनकी योग्यता और अनुभव के अनुसार उनसे काम करवाएं।

ब्रेक इवन पॉइंट आने के लिए वक़्त तो लगेगा

ऐसा बहुत कम होता है कि नए व्यापार में पहले दिन से ही मुनाफा आने लगे... क्योंकि मुनाफा आने में थोड़ा वक़्त तो लगेगा और वो वक़्त कुछ महीनों या सालों का भी हो सकता है। उस दौरान व्यापारी के दिलों दिमाग में पहली प्राथमिकता अपने नए व्यापार को **"ब्रेक इवन प्वाइंट"** तक लाने की होनी चाहिए।

उदाहरण के लिए आपको व्यापार चलाने के लिए हर महीने 100 रू. का खर्च आता है और आप महीने में 70 रू. ही कमा पाते हैं याने व्यापार चलाने के लिए आपको हर महीने अतिरिक्त 30 रू. लगाने पड़ते हैं। फिर कुछ समय बाद घटते क्रम में आपको अतिरिक्त 29 रू. लगाने पड़ेंगे, इसी तरह 28 रू. फिर 20 रू. फिर 10 रू. और अंततः एक दिन ऐसा भी आएगा जब आपको अपने पास से 1 रु. भी नहीं लगाना पड़ेगा। लेकिन फायदा भी नहीं होगा **(महीने में 100 रू. का खर्च और 100 रू. की कमाई)** तो फिर हम उसे **"ब्रेक इवन प्वाइंट"** कहेंगे, जिसमें 100 रू. के ऊपर होने वाली कमाई आपका मुनाफा होगा।

अतः व्यापार में ब्रेक इवन प्वाइंट तक पहुँचने में आपको महीनों या सालों भी लग सकते हैं, इसलिए आपको धीरज रखना होगा और सही दिशा में अनुशासित होकर लगातार काम करना होगा फिर शीघ्र ही आप ब्रेक इवन प्वाइंट पर पहुंचेंगे और आपका मुनाफा भी शुरू हो जाएगा।

व्यापारी का हिसाब (Calculation) ही सफलता की चाबी है

व्यापार में सफलता के लिए कैल्कुलेशन (जोड़ना/घटाना/गुणा/भाग) आदि में परफेक्ट होना जरुरी है। अक्सर आपने देखा होगा कि जिन व्यापारी बंधुओं का कैल्कुलेशन अपेक्षाकृत कमजोर होता है वे व्यापार में उतना मुनाफा नहीं कमा पाते और व्यापार से संबंधित खरीदी, बिक्री, उधारी, अकाउंटिंग, बैंकिंग और छुपे हुए अतिरिक्त खर्चों (Overhead Expenses) के हिसाब में अक्सर उनकी दक्षता का अभाव नजर आता है।

जबकि सफल व्यापारी वे होते हैं जो व्यापार से जुड़े हर एक पहलू में खर्च और आमदनी से संबंधित सभी चीजों को सही तरीके से कैलकुलेट कर पाते हैं। ताकि महीने या साल के अंत में वे यह चेक कर सकें कि व्यापार में उनकी कुल आमदनी और कुल खर्च कितना हुआ है।

और उसमें उनकी कुल आय (Gross income) और खर्चों के बाद बचने वाली आय (Net income) कितनी है जिससे वे आसानी से समझ सकते हैं कि उन्हें किस अनुपात में खर्चों पर नियंत्रण रखना है या फिर खर्चों के अनुपात में कितनी और कैसे आमदनी बढ़ानी है।

आप ज्यादा कमा रहे हैं तो ज्यादा जिम्मेदारी भी आपकी ही होगी

आपके व्यापार में ज्यादा पैसे आपके अधीनस्थ कर्मचारी नहीं बल्कि आप कमा रहे हैं, इसलिए ऐसा संभव नहीं है कि जो व्यक्ति कम पैसे कमाए वो सभी चुनौतियों का सामना करे, सक्रिय व सचेत रहे, मैनेजमेंट भी देखे और समस्याओं का निवारण भी करे। जबकि वास्तविकता यह है कि यदि सबसे ज्यादा पैसे आप कमा रहें हैं तो स्वाभाविक रूप से ज्यादा जिम्मेदारी भी आप ही के हिस्से में आएगी। क्योंकि अधिकांश कर्मचारियों को सिर्फ अपनी

तनख्वाह व तरक्की से मतलब होता है, बाकी दूसरी चीजों से उन्हें बहुत ज्यादा मतलब नही होता । अतः जितना हो सके अपने व्यापार से जुड़े सभी महत्वपूर्ण कार्यों की जिम्मेदारी और जवाबदारी स्वयं लें और अग्रसक्रिय रहकर काम करें ।

वैसे भी **"पेंसिल की सौ गलतियां भी माफ हो जाती है लेकिन पेन की नहीं"** और कर्मचारी पेंसिल की तरह होते हैं जिनपर तुलनात्मक रूप से जिम्मेदारियां कम होती है और उनकी बड़ी गलतियों को भी सुधारा जा सकता है । लेकिन इसके विपरीत एक व्यापारी या किसी ऊँचे पद पर बैठे अधिकारी जिनपर बड़े व महत्वपूर्ण कार्यों की पूरी जवाबदारी होती है उनकी एक छोटी सी गलती भी नुकसान दायक हो सकती है ।

The speed of the engine is the speed of the train

कहावत है कि **"द स्पीड ऑफ द इंजन इज द स्पीड ऑफ द ट्रेन"** मतलब जितनी गति इंजन की होगी उतनी ही गति ट्रेन की होगी । यहां पर इंजन आप हैं और बोगी आपकी टीम / कर्मचारी / सहयोगी / स्टाफ हैं । जिस तरह एक बोगी उसके इंजन को कभी ओवरटेक नहीं कर सकती एवं जितनी स्पीड से इंजन आगे बढ़ता है उतनी ही स्पीड से बोगी भी साथ-साथ आगे बढ़ती है, उसी प्रकार आपकी टीम भी आपके नेतृत्व और मार्गदर्शन पर निर्भर होती है । अतः आप यह उम्मीद बिल्कुल ना करें कि आपके रुके होने के बावजूद भी आपकी टीम चलती रहेगी, क्योंकि आप तो इंजन हैं और बोगी की ही तरह आपके सभी कर्मचारी आपसे जुड़े हुए हैं, इसलिए वे आपके निर्देश अनुसार ही कार्य करेंगे।

एक कहावत भी है कि **"Army of sheep lead by a lion will definitely beat the army of lion lead by a sheep"** यदि 'एक शेर' भेड़ों की फौज का नेतृत्व करे तो वह शेरों की उस फौज को भी आसानी से

हरा सकता है जिसका नेतृत्व **'एक भेड़'** कर रही है । याने **"नेतृत्व ज्यादा महत्वपूर्ण है"** ।

स्वयं काम करेंगे तो दाल रोटी, लोगों से काम करवाना आ गया तो सब कुछ

व्यापार में अगर आप यह चाहते हैं कि आपको पैसे, सुख, सुविधाएं आदि सब कुछ मिले तो आपको दूसरों से काम करवाने की महत्वपूर्ण कला सीखनी पड़ेगी । क्योंकि अगर आप अकेले ही काम करते रहे तो हो सकता है कि आपको सिर्फ दाल-रोटी में ही गुजारा करना पड़े, मतलब आप ज्यादा पैसे नहीं कमा पाएंगे । लेकिन अगर आपने दूसरों से काम करवाने की कला सीख ली तो समझ लीजिए कि आपको सब कुछ मिल सकता है । और यहां पर दूसरों से मतलब अपने अधीनस्थ कर्मचारियों, सहयोगियों या स्टाफ से है ।

वैसे देखा जाए तो स्वयं काम करना बहुत आसान है, जैसे मजदूर वर्ग रोज खूब मेहनत करते हैं परंतु मेहनत के अनुपात में वे बहुत कम कमाते हैं, और दूसरी तरफ देखें तो मैनेजर या व्यापारी वर्ग जिनके पास काम करने वाले सैकड़ों लोगों की टीम है वे अपनी मेहनत के अनुपात में कहीं ज्यादा कमाते हैं । ऐसा इसलिए होता है कि वे अपने सहयोगियों / टीम / कर्मचारियों से काम करवाना बखूबी जानते हैं । अतः आप भी इस कला में महारथ हासिल करें, जिससे आपको शानदार परिणाम मिलने लगेंगे ।

कर्मचारियों को सैलरी से ज्यादा एडवांस ना दें

जिस प्रकार हाथों की सभी उंगलियां बराबर नहीं होती, उसी प्रकार किसी भी ऑर्गेनाइजेशन में सभी कर्मचारी एक जैसे नहीं होते । इसलिए आप मानकर चलिए कि व्यापार में सच्चे झूठें दोनों तरह के कर्मचारियों से आपका सामना होगा । जिसमें हो सकता है कि कुछ कर्मचारी आपसे झूठ बोलकर

एडवांस लेने आएं, जो अक्सर घिसे-पिटे बहाने बनाकर आपसे पैसों की मांग करेंगे, जैसे...

✓ स्वयं या परिवार के किसी सदस्य की तबियत खराब है ।
✓ दवाईयों / आपरेशन / जाँच आदि के लिए ।
✓ मकान का किराया या किश्त (EMI) देना है ।
✓ चेक बाउंस हो जाएगा या स्कूल फीस देना है ।
✓ किसी का एक्सीडेंट / शादी / मृत्यु जैसे कारण बताकर वे आपसे एडवांस के रूप में बड़ा अमाउंट मांगेंगे ।

अपने कर्मचारियों को एडवांस देना है या नहीं, यह पूर्णतः आपकी कंपनी की पॉलिसी या आप पर निर्भर करता है । लेकिन यदि किसी कर्मचारी को एडवांस देना ही पड़े तो पहले आप उचित वजह जाने, और आश्वस्त होने के बाद ही उन्हें एडवांस दें । साथ ही आप कोशिश करें कि एडवांस की राशि उनकी सैलरी से कम रहे, जिससे उनके जॉब छोड़कर जाने पर भी आपके ऑर्गेनाइजेशन को कोई नुकसान ना हो ।

सोशल मीडिया और आप

सोशल मीडिया पर आपके समय और एनर्जी का गलत इस्तेमाल नहीं होना चाहिए, क्योंकि **"सोशल मीडिया आपके लिए है, आप सोशल मीडिया के लिए नहीं"**। आपको यह जानकर आश्चर्य होगा कि आज के युवा सोशल मीडिया पर रोज 6 घंटे से ज्यादा समय बर्बाद कर रहें हैं । चूँकि एक दिन में चौबीस घंटे होते हैं और 24 घंटो में से 8 घंटे नींद में चले गए और 4 घंटे नित्यक्रिया व खाने-पीने एवं अन्य जरुरी कार्यों में । अब बचे हुए 12 घंटो में से 6 घंटे याने कि हर दिन **50%** से ज्यादा समय वे सोशल मीडिया पर खराब कर रहे हैं ।

"जी हाँ आपने बिलकुल सही पढ़ा है कि भारतीय युवा (विशेषकर 15 से 25 की उम्र) वालों ने अपना आधा जीवन सोशल मीडिया को दे दिया है"। मतलब उनके पास रोज सिर्फ आधा समय बचता है और आधा

समय याने आधी सफलता । अब आप ही सोचिए कि वे अपना कीमती समय और सीमित उर्जा को कितना व्यर्थ खर्च कर रहे हैं ।

कर्मचारियों को विकसित (Develop) करें

आप चाहें कितने भी कुशल, दक्ष, पारंगत व अनुभवी क्यों ना हो लेकिन यदि आप कर्मचारियों को विकसित नहीं कर पाए तो हो सकता है कि आप जहां हैं वहीं रह जाएं या वहां भी ना ठहर पाएं । क्योंकि व्यापार को सही तरह से चलाने और आगे बढ़ाने के लिए आपको बेहतरीन टीम की जरूरत पड़ेगी । अतः टीम ऐसी होनी चाहिए कि आपके सभी कार्यों को सही ढंग से समय पर अंजाम दे सके । अगर आप कमजोर टीम के भरोसे व्यापार में तरक्की करना चाहेंगे तो लाख कोशिशों के बाद भी सफल नहीं हो पाएंगे इसलिए अपनी टीम को विकसित किए बिना व्यापार में आगे बढ़ने की कतई ना सोचें।

जब आप अपनी टीम को विकसित कर लेते हैं तो वही टीम आपके व्यापार को आगे बढ़ाकर ऊँचाईयों पर ले जा सकती है...अतः आपको कर्मचारियों के अंदर कुछ महत्वपूर्ण गुण व कौशल विकसित करना होगा एवं व्यापार के अनुरूप उन्हें समय-समय पर ट्रेनिंग देनी होगी, ताकि वे अपने कार्यों में पारंगत हो जाएं ।

आपके टारगेट्स, गोल्स और विज़न
लिखित में रखिए

जो लोग अपने टारगेट्स, गोल्स और विज़न को लिखकर रखते हैं, उनके पूरे होने की संभावना काफी हद तक बढ़ जाती है । क्योंकि **"बिना लिखित योजना की चीजें कभी पूरी नही होती, वे सिर्फ इच्छाएं मात्र है जो कभी भी बदल सकती है"** । लेकिन यदि आप कोई प्लान, गोल्स या

टारगेट लिखकर रखते हैं और रोज उसे देखते हैं उसी अनुसार काम करते हैं तो यकीन मानिए बहुत जल्दी आपका सपना सच्चाई में बदलने वाला है । क्योंकि आप उसे भूलते नहीं हैं, बल्कि हमेशा अपने दिल के करीब रखकर उस पर लगातार काम भी करते हैं ।

और कुछ लोग आपको ऐसे भी मिलेंगे जो अपनी असफलताओं का दोष "LUCK" पर मढ़ देते हैं, जबकि अधिकांशतः **"LUCK" शब्द उन लोगों का पसंदीदा शब्द होता है, जिन्होंने अपने जीवन में कुछ खास नहीं किया है"** ।

लेकिन मेरे अनुसार **"किस्मत भी उन्हीं का साथ देती है, जो निरंतर मेहनत व लगन से अपने गोल्स और विज़न की और बढ़ते रहते हैं"** । अतः अपने टारगेट्स लिखित में रखें एवं उन्हें समय पर पूरा करने के लिए प्रयासरत रहें ।

स्टाफ को प्रेरित करने के लिए मोटिवेशनल प्रोग्राम रखिए

"Self Motivated" व्यक्ति अपनी जिम्मेदारियों को भलीभांति जानता भी है और उन्हें पूरा भी करता है । यदि आपके स्टाफ के सभी लोग सेल्फ मोटिवेटेड हैं तो आपकी कंपनी या व्यापार में प्रोडक्टिविटी अच्छी आएगी एवं अपेक्षित परिणाम भी मिलेंगे और उनसे कोई भी काम करवाने के लिए आपको फॉलोअप या रिमाइंडर की जरुरत नहीं पड़ेगी । अतः अपने स्टाफ को मोटिवेट करने के लिए समय-समय पर कोई ना कोई मोटिवेशनल प्रोग्राम अवश्य रखिए जिससे आप उनकी समस्याएं समझकर उचित समाधान दे सकेंगे और वे आपसे जुड़े भी रहेंगे ।

परिणामस्वरूप उनके अधिकतर टारगेट्स पूरे हो सकेंगे और भविष्य में वे ज्यादा प्रोडक्टिविटी देने के लिए स्वयं प्रेरित रहेंगे । अक्सर देखा गया है कि

"स्वयं प्रेरित होकर कार्य करने वाले लोग उपलब्धियां प्राप्त करते हैं क्योंकि वे अपनी ही प्रेरणा से आगे बढ़ते हैं"।

कार्य स्थल पर यथासंभव सफाई रखें

अक्सर आपने देखा होगा कि कुछ व्यापारी बंधु अपने कार्यस्थल पर सफाई को उतनी अहमियत नहीं देते हैं । क्योंकि उन्हें लगता है कि इस बात से व्यापार में कोई खास फर्क नहीं पड़ने वाला है, लेकिन गंभीरता से सोचें तो फर्क तो पड़ता है और यदि आप साफ-सफाई नहीं रखेंगे तो...

- ✓ अधिकतर चीजें अव्यवस्थित हो जाएंगी ।
- ✓ जरूरी सामान गुम सकता है ।
- ✓ बहुत सारी चीजें खराब हो सकती है ।
- ✓ चीजों या जगहों से बदबू आ सकती है ।
- ✓ आप अस्त-व्यस्त हो जाएंगे ।
- ✓ आपकी प्रोडक्टिविटी कम हो सकती है ।
- ✓ कर्मचारियों के परफॉरमेंस में गिरावट आ सकती है ।

इसके अलावा आपके महत्वपूर्ण दस्तावेज आदि समय पर ना मिलने से आपका कीमती वक्त बर्बाद हो सकता है जिससे व्यापार में नुकसान भी हो सकता है । साथ ही जो क्लाइंट या कस्टमर आपसे मिलने आएंगे, उनपर भी आपका इंप्रेशन खराब पड़ेगा ।

कर्मचारियों को बेहतर कैमरा नहीं बल्कि बेहतर फोटोग्राफर बनाएं

एक कहावत है कि "लोगों को मछली पकड़कर देने की बजाय उन्हें मछली पकड़ना सिखा दीजिए", इसी तरह व्यापार में भी यदि आप इसका पालन करेंगे तो फायदा होगा, इसलिए अपने कर्मचारियों को बेहतर कैमरा बनाने की बजाय उन्हें बेहतर फोटोग्राफर बनाएं जिससे कैमरा बदल

जाने पर भी फोटोग्राफी में कोई अंतर ना आए और वे बेहतरीन फोटोग्राफर बने रहें।

आशय यह है कि आपको कर्मचारियों में इस तरह से कौशल विकसित करना है कि वे कंपनी में होने वाले कार्यों को बिना किसी की मदद के भी कर सकें। अन्यथा वे हर बार अपने सीनियर या आप पर आश्रित रहेंगे जिसकी वजह से प्रोडक्टिविटी पर भी असर पड़ेगा। आपके ऊपर जिम्मेदारियों का बोझ बढ़ेगा एवं आप अपने कीमती समय का उपयोग किसी महत्वपूर्ण काम में नहीं कर पाएंगे। अतः कोशिश करें कि आपके सभी कर्मचारियों को इस तरह ट्रेनिंग दें, ताकि वे भविष्य में आपके संस्थान के लिए संपत्ति (Asset) साबित हो ना कि दायित्व (Liability)।

बिक्री, ग्राहक के नहीं बल्कि सेल्समैन के नजरिए पर निर्भर होती है

पंद्रह साल तक सेल्स की नौकरी करने एवं पिछले छः सालों से लगातार स्वयं का व्यापार करने के बाद, मैं अपने दोनों तरह के अनुभव से यह बात सांझा कर सकता हूँ, कि बिक्री ग्राहक के नहीं, बल्कि सेल्समैन के नजरिए पर निर्भर होती है, क्योंकि अच्छा सेल्समैन वही है जो मिट्टी को भी बेच दे। और अगर सेल्समैन के अंदर सेल्समैनशिप **(बेचने की कला)** नहीं है तो फिर हो सकता है कि वह सोना-चांदी भी ना बेच पाए और यदि बेचने वाले व्यक्ति में इच्छाशक्ति, अनुभव और योग्यता है तो वो आपका हर प्रोडक्ट बेच सकता है।

उदाहरण :- सेल्समैन के दरवाजा खटखटाने पर जैसे ही एक अधेड़ महिला (उम्र 40 से 45 वर्ष) ने दरवाजा खोला... सेल्समैन ने तुरंत कहा कि **'बेबी'** घर के किसी बड़े सदस्य या मम्मी को बुलाइए... मुझे वाशिंग पाउडर के सैंपल दिखाना है। **"फिर क्या था...उस महिला ने खुश होकर वाशिंग पाउडर का पूरा स्टॉक ही खरीद लिया"** ☺☺☺

ग्राहक सबसे बड़ी संपत्ति है क्योंकि उनके बिना व्यापार नहीं होता

सवाल न.1 :- व्यापार में सबसे महत्वपूर्ण चीज क्या है ?

सवाल न.2 :- व्यापार की सबसे बड़ी संपत्ति क्या है ?

सवाल न.3 :- व्यापार किसके बिना नहीं चल सकता ?

जवाब :- किसी भी व्यापार में सबसे महत्वपूर्ण चीज और सबसे बड़ी संपत्ति **"ग्राहक"** हैं, क्योंकि ग्राहकों के बिना कोई भी व्यापार नहीं होता और ना ही ग्राहकों के बिना कोई कंपनी चल सकती है । अतः ग्राहकों को जरूर संतुष्ट करें एवं उनसे अच्छे रिश्ते बनाएं रखें, सभी ग्राहकों को उतना ही महत्त्व और मान- सम्मान दें मानों वे आपके संस्थान के एकलौते ग्राहक हैं । उनसे अच्छे से डील करने के साथ ही अपना व्यवहार भी ऐसा रखें कि वे हर बार सामान खरीदने के लिए आपको ही प्राथमिकता दें ।

पैसों का तिरस्कार ना करें क्योंकि इसके बिना आप नहीं रह पाएंगे

व्यापार में अति स्वाभिमानी बनकर या अहंकार वश पैसों का तिरस्कार ना करें क्योंकि इसके बिना आप रह नहीं पाएंगे । यदि इसका और ज्यादा मोल जानना हो तो किसी से रुपए उधार मांगकर देखिए, आपको स्वयं ही पता चल जाएगा कि लोग बड़ी आसानी से बहाने बनाकर टाल देते हैं और तिरस्कार करने से भी नहीं चूंकते, अतः व्यापार में पैसों की अहमियत को जरूर समझें, क्योंकि **"स्वाभिमान की ही तरह आपका पैसा भी महत्वपूर्ण है"** ।

कुछ लोग आपको ऐसे भी मिलेंगे जो **"पैसे कमाने के रास्ते"** पर भी उतना ही ध्यान देते हैं जितना कि **"पैसों"** पर । क्योंकि उनके अनुसार गलत रास्ते

से आया हुआ पैसा भी गलत ही होता है और उनकी यह सोच सही भी है । आशय यह है कि आप पैसों का तिरस्कार कभी ना करें और पैसे कमाने के लिए सही रास्ते ही अपनाएं ।

टैलेंट तो बहुत है लेकिन इस्तेमाल करना नहीं आता

बहुत से व्यापारी बंधुओं से मिलकर यह जानने का मौका मिला कि उन्हें वाकई में व्यापार का गहरा ज्ञान और अनुभव है । इसलिए स्वाभाविक रूप से किसी के भी मन में यह सवाल उठेगा कि यदि वे इतने ज्ञानी और अनुभवी हैं तो फिर वे उसका इस्तेमाल व्यापार में क्यों नहीं कर रहे हैं ? याने उनमें टैलेंट तो बहुत है परंतु इस्तेमाल करना नहीं आता... हो सकता है कि मार्केट में आपको भी ऐसे लोग मिल जाएं जो वास्तव में बहुत टैलेंटेड हैं । क्योंकि गौर से देखा जाए तो हमारा देश टैलेंटेड लोगों से भरा पड़ा है, लेकिन परेशानी यह है कि उस टैलेंट का इस्तेमाल वे स्वयं के विकास में नहीं कर पा रहें हैं ।

किसी ने सही कहा है कि **"हर व्यक्ति एक हुनर लेकर पैदा होता है, सबसे पहले वह स्वयं के हुनर को पहचाने, फिर उस हुनर को दुनिया के सामने लाए"** । तो यदि आपके पास भी टैलेंट है तो उसका इस्तेमाल आप स्वयं के व्यापार में किस तरह करेंगे इस पर भी विचार करें ।

व्यापार में डेली सेविंग बेहतर विकल्प है

यदि आप कोई ऐसा व्यापार कर रहे हैं जिसमें रोज कैश आता है और आप बचत करने की इच्छा भी रखते हैं परंतु अभी तक आपको बचत करने का कोई कारगर तरीका नहीं मिल पाया है । आप यही सोच रहें हैं कि हर हफ्ते या हर महीने कुछ अमाउंट निकालकर बचत की जाए फिर भी भ्रम की स्थिति बनी हुई है कि बचत किस अंतराल में होनी चाहिए ।

तो यदि आप साप्ताहिक या मासिक की बजाय **"रोज बचत"** के विकल्प को चुनते हैं तो बेहतर साबित होगा । अतः आप कोशिश कीजिए कि रोज एक निश्चित अमाउंट निकालकर अलग रख दें । वह अमाउंट आपकी दैनिक आमदनी पर निर्भर करता है, जैसे रोज सौ रु. पाँच सौ रु. हजार रु. या फिर आपके मुनाफे या आमदनी का पाँच, दस या बीस % भी हो सकता है, जिसे आप अलग सेविंग अकाउंट में या कैश के रूप में भी जमा कर सकते हैं, याने आप रोज बचत के लिए इनमें से कोई भी विकल्प चुन सकते हैं ।

कड़वा बोलने वाले का शहद नहीं बिकता, मीठा बोलने वाले की मिर्ची भी बिक जाती है

यदि आप हर किसी से कड़वी बातें कहेंगे तो भला कौन आपसे संबंध रखना चाहेगा...बल्कि लोग आपसे दूरी बनाने लगेंगे और अगर आप व्यापारी हैं तो हो सकता है कि ग्राहक आपका प्रोडक्ट ना खरीदें या फिर आपसे कोई सर्विस ही ना लें, क्योंकि लोगों को आपकी कड़वी बातें चुभ जाती है और उनके स्वाभिमान को ठेस पहुँचती है परिणामस्वरूप कड़वा बोलने वाले व्यापारियों को जाने अनजाने में कुछ नुकसान हो सकते हैं, जैसे...

- ✓ ग्राहक डील करना बंद कर सकते हैं ।
- ✓ ग्राहक नाराज हो सकते हैं ।
- ✓ व्यापारी की छबि पर प्रश्नचिन्ह लग सकते हैं ।
- ✓ ग्राहक उनकी नेगेटिव मार्केटिंग भी कर सकते हैं ।

एक कहावत है कि **"इंसान एक दुकान है और जुबान उसका ताला, ताला खुलता है तभी मालूम होता है कि दुकान सोने की है या कोयले की"** । अतः कोशिश कीजिए आपमें ऐसी कोई आदत ना हो, क्योंकि ऐसा देखा गया है कि बात करते समय जिन व्यापारियों के होंठो पर मुस्कान होती हैं उनके ग्राहक उनसे ज्यादा खुश, संतुष्ट और हमेशा जुड़े रहते हैं । वैसे भी व्यापार में ग्राहकों को देवतुल्य माना गया है तो वे आपके पास कड़वी बातें सुनने क्यों आएंगे ।

व्यापार में तुरंत परिणाम की उम्मीद मत रखिए

जो लोग व्यापार की बुलंदियों पर बैठे हैं उनमें से अधिकांश लोगों ने उस व्यापार को या तो अपना पूरा जीवन दे दिया है या बहुत लंबा समय देने के बाद ही वे उस मुकाम तक पहुंचे हैं । क्योंकि **मेहनत का फल और समस्याओं का हल देर से ही सही, लेकिन मिलता जरूर है** । अतः व्यापार में भी तुरंत परिणाम की उम्मीद बिल्कुल मत रखिए अन्यथा आपको नुकसान हो सकता है ।

क्योंकि यदि आपको तुरंत आशानुरूप परिणाम नहीं मिले तो आप उदास, हताश या निराश हो सकते हैं और व्यापार छोड़ने का मन भी बना सकते हैं । तो कृपया करके ऐसा बिल्कुल ना करें क्योंकि बहुत कम ही ऐसा देखा गया है कि व्यापार में तुरंत परिणाम मिले हैं बल्कि व्यापार में समय तो लगता ही है । अतः आप भरोसा रखें कि कुछ समय बाद आपको अच्छे परिणाम भी मिलने लगेंगे, बशर्ते आप सही दिशा में बिना रुके काम करते रहें । इसलिए कहते हैं कि **"उस इंसान का कोई मुकाबला नहीं कर सकता जिसके पास सब्र की ताकत है"** ।

जल्दी निर्णय नहीं ले पातें हैं तो सफल होने में समय लग सकता है

"इंतज़ार करने वालों को उतना ही मिलता है जितना कोशिश करने वाले छोड़ देतें हैं", बहुत से लोग ऐसे हैं जो जल्दी निर्णय नहीं ले पाते हैं इसके अनेक कारण हो सकते हैं...लेकिन मुख्यतः पाँच कारण हैं

- ✓ वर्तमान से संतुष्ट रहना ।
- ✓ जरुरत से ज्यादा धैर्यवान होना ।
- ✓ निर्णय लेने की क्षमता का अभाव ।
- ✓ काम टालने की आदत ।
- ✓ आत्मविश्वास की कमी या अति आत्मविश्वास ।

अतः ये आपके व्यापार को सफल बनाने की बजाय तरक्की में रूकावट ही पैदा करेंगे, इसलिए इनका शिकार होने से बचें और आवश्यक बदलाव करते रहे, तभी आप व्यापारिक दृष्टिकोण से सही समय पर उचित निर्णय ले पाएंगे। यदि आप निर्णय लेने में देरी करते हैं तो बड़े और सफल व्यापारी बनने में आपको ज्यादा वक़्त लग सकता है।

"Area of Concern" Vs. "Area of Control"

जब किसी को जरूरी काम से बाहर जाना हो और अचानक बारिश शुरू हो जाए...तो वे बहुत ज्यादा परेशान हो जाते हैं और यह सोचकर अपना मूड ऑफ कर लेते है कि बारिश की वजह से अब उनके कोई काम नहीं होंगे और जब तक बारिश नहीं रुकेगी वे कुछ नहीं कर सकते...

बारिश की तरह हमारे जीवन में भी कई बार ऐसी परिस्थितियां आती हैं जिसका नियंत्रण हमारे हाथों में नहीं रहता है। अतः ऐसे में परेशान होने से हमें कोई फायदा नहीं होगा बल्कि ज्यादा सोच-सोच कर स्वयं को ही दुखी कर लेंगे, यह है **"एरिया ऑफ कंसर्न"** याने जिस काम पर हमारा नियंत्रण नहीं है उसके लिए परेशान होना।

दूसरी तरफ है **"एरिया ऑफ कंट्रोल"** याने ऐसी परिस्थिति में वो करना जो हमारे नियंत्रण में है। यदि बारिश हो रही है तो छाता लेकर जाएं, रैनकोट पहनकर जाएं, कार, बस या टैक्सी से जाएं और **"अपने लक्ष्य, कार्य या उद्देश्य को पूर्ण करने में किसी को बाधा ना बनने दें"**, मतलब जिन चीजों पर हमारा नियंत्रण नहीं हैं उन्हें महत्त्व ना दें।

व्यापार में भले ही सामान थोड़ा महंगा खरीदें, लेकिन उधार में लें

जिस तरह व्यापारियों को कैश में माल खरीदने के फायदे होते हैं उसी तरह उधार (CREDIT) में माल खरीदने के भी अपने फायदे होते हैं, जैसे...

- ✔ आप वेंडर या सप्लायर के पैसों को रोटेट (**व्यापार में उपयोग या घुमा**) सकते हैं ।
- ✔ कोई भी वेंडर या सप्लायर आपको खराब माल नहीं बेचेंगे ।
- ✔ वेंडर और सप्लायर आपसे थोड़े दबे रहेंगे ।
- ✔ आप चाहें तो उन प्रोडक्ट्स को कभी भी उन्हें वापस कर सकते हैं ।
- ✔ व्यापार में आपकी लागत तुलनात्मक रूप से कम रहेगी ।
- ✔ आवश्यकता अनुसार आप जब चाहें उतने प्रोडक्ट्स मंगवा सकते हैं ।

अतः जब भी व्यापार में आप उधार में माल खरीदें, तो एक निश्चित समय सीमा (**दोनों पक्षों द्वारा पूर्व निर्धारित अवधि**) पर वेंडर या सप्लायर को एक साथ पूरा पेमेंट दें, जिससे अगली बार उनके दरवाजे आपके लिए खुले रहें ।

सब्जी विक्रेता और किसान से ज्यादा अक्सर दलाल कमाते हैं

आपने देखा होगा कि किसान सब्जियां उगाते हैं और सब्जी-विक्रेता सब्जियां बेचते हैं, लेकिन मुनाफा सबसे ज्यादा दलाल कमाते हैं । मतलब जो सब्जियां उगा रहे हैं और जो सब्जियां बेच रहे हैं, उन दोनों से ज्यादा कमाई दलाल की होती है । दलाल वे लोग होतें हैं जो किसान और सब्जी विक्रेता के बीच में एक कड़ी के रूप में कार्य करते हैं जिनका काम किसानों से सब्जियां खरीदना व सब्जी विक्रेताओं को बेचना होता है । इन दलालों को दुकान लगाकर सब्जियां बेचने के लिए पैसे, उर्जा और समय देने की भी जरूरत

नहीं पड़ती और ना ही वे किसान के जैसे खेतों में सब्जियां उगाने के लिए मेहनत करते हैं ।

अतः आप भी इसी तरह क्रेता व विक्रेता के बीच की कड़ी के रूप में काम कर सकते हैं । इन दिनों बाजार में ऐसे बहुत से विकल्प है जिसमें आप दलाल या ब्रोकर बनकर पैसे कमा सकते हैं ।

"यहां पर मेरा उद्देश्य दलालों का महिमामंडन करना नहीं है बल्कि यह समझाना है कि बिना लागत और अपेक्षाकृत कम मेहनत में भी व्यापार किया जा सकता है" । जिसमें आपको खरीदने और बेचने की कला में पारंगत होना पड़ेगा और मोलभाव, सौदेबाजी, पीपल हैंडलिंग एवं अपनी बातों को प्रभावशाली व असरदार तरीके से कहना और क्रेता एवं विक्रेता की बॉडी लैंग्वेज आदि को समझना होगा ।

आदर्श व्यापारी बनिए

यदि आप आदर्श व्यापारी बनते हैं तो लंबे समय तक आपकी छबि बेहतर बनी रहेगी, पैसे कमा पाएंगे और भविष्य में उन पैसों का स्वयं की मर्जी से उपभोग भी कर पाएंगे साथ ही अपनी आने वाली पीढ़ियों के लिए संपत्ति व पैसे कमाकर भी रख सकते हैं । इसलिए व्यापार की शुरुआत में ही सरकार द्वारा पूर्व निर्धारित नियमों को अच्छे से समझ लें और उन नियमों के अनुसार सभी जानकारी पहले से जुटा लें तो बेहतर होगा, जैसे...

✓ व्यापार से संबंधित टैक्स ।
✓ व्यापार के अनुरूप कार्यप्रणाली ।
✓ आवश्यक रजिस्ट्रेशन, लाइसेंस व दस्तावेज ।
✓ कर्मचारियों एवं ग्राहकों की सम्पूर्ण जानकारी ।
✓ खरीदी व बिक्री से संबंधित रसीदें, बिल, भुगतान राशी ।
✓ कर्मचारियों से संबंधित श्रम कानून व नियम...आदि ।

ताकि आप सुकून की नींद सो सकें और लंबे समय तक बिना किसी रुकावट व परेशानी के व्यापार को चला सकें । क्योंकि **"गलत तरीके से पाई गई सफलता पर व्यक्ति घमंड तो कर सकता है लेकिन गर्व नहीं"** ।

व्यापार में स्वयं का नुकसान नहीं होना चाहिए और हाँ, 'ग्राहकों' का भी नहीं

एक व्यापारी होने के नाते यदि आपने स्वयं के हिस्से का मुनाफा छोड़ दिया तो यह सीधा-सीधा आपका ही नुकसान होगा, और यदि आपने लालचवश पूरा मुनाफा स्वयं ही रख लिया तो आपके ग्राहकों को नुकसान होगा।

"गौर से सोचा जाए तो दोनों ही स्थिति में नुकसान आपका ही है"। क्योंकि ग्राहकों को नुकसान होने पर वे आपके पास दोबारा लौटकर नहीं आएंगे और आपके साथ डील करना बंद कर देंगे। मतलब आपकी बिक्री पर इसका जबरदस्त प्रभाव पड़ सकता है, अतः ग्राहकों का भी नुकसान नहीं होना चाहिए, इसलिए कोशिश कीजिए कि खरीददारी करते वक़्त सभी सामान आपको कम से कम दामों में मिल जाए ताकि मध्य मार्ग के साथ दोनों पक्षों को बराबर फायदे मिल सके और किसी का भी नुकसान ना हो।

शिकायत लेकर आने वाले ग्राहकों को सौतेलापन महसूस नहीं होना चाहिए

यदि ग्राहक आपके पास शिकायत लेकर आए हैं मतलब वे आपसे जुड़े रहना चाहते हैं बशर्ते आप उनकी शिकायत ध्यान से सुने, उचित समाधान देकर उन्हें संतुष्ट करें।

और वैसे भी शिकायत लेकर आने वाले ग्राहकों के बारे में कभी यह ना सोचें कि वे आपको पीठ का मैल दिखा रहे हैं, बल्कि उन्हें सकारात्मक ढंग से लिया जाना चाहिए, एक दोहा है कि **"निंदक नियरे राखिए, आंगन कुटी छबाय"। "बिन पानी साबुन बिना, निर्मल करे सुहाय"।**

यदि कोई ग्राहक आपकी गलतियां बता रहा है तो आपको उनके प्रति कृतज्ञता का भाव रखना चाहिए। ऐसे ग्राहकों को आपके पास आते रहना चाहिए, ताकि वे बता सकें कि आप कहां-कहां गलतियां कर रहे हैं, जिससे

आप उनकी शिकायतों को समय रहते दूर कर पाएं और उन्हें सौतेलापन महसूस ना होने दें, क्योंकि **"अपनी गलती स्वीकार लेना ही सुधार की पहली सीढ़ी है"**।

कर्मचारियों को नियुक्त करते समय 'ओनरशिप' को प्राथमिकता दें

कर्मचारियों का जॉब छोड़ना और उनकी जगह नए कर्मचारियों को नियुक्त करना निरंतर चलने वाली प्रक्रिया है इसलिए इसका प्रबंधन भी आपको ही करना होगा और इस प्रक्रिया में इंटरव्यू के दौरान आप कैंडिडेट में कौन-कौन सी क्वालिटी देखेंगे यह इस बात पर निर्भर करता है कि आपके व्यापार, कंपनी या फैक्ट्री में किस पोजीशन के लिए कर्मचारी चाहिए।

क्योंकि डिपार्टमेंट, फील्ड और पोजीशन के अनुरूप कैंडिडेट में योग्यता अनुभव व काबिलियत भी होनी चाहिए। लेकिन इंटरव्यू के दौरान यह मालूम करना कि कैंडिडेट में ओनरशिप (**कर्मचारी होने के बावजूद सभी कार्यों को ओनर की तरह जिम्मेदारी और जवाबदारी से करना**) यह क्वालिटी है या नहीं। क्योंकि बाकि अन्य क्वालिटी के ना होने पर भी यह अपने आप में पर्याप्त है। लेकिन कैसे पता करें कि कैंडिडेट में ओनरशिप है या नहीं... तो इसे जानने के वैसे तो सभी के अपने तरीके हो सकते हैं, फिर भी यदि आप उस कैंडिडेट के पुराने रिकॉर्ड जानने की कोशिश करें या फिर विशेष परिस्थिति का कोई उदाहरण दें, जिसके जवाब से आप आश्वस्त हो जाएं कि कैंडिडेट वाकई जिम्मेदार व जवाबदार है तब आप बेहतर निर्णय लेने की स्थिति में रहेंगे।

समय अधिक नहीं मिलेगा, उसी समय में अधिक करना होगा

अक्सर लोग कहते हैं कि "काश मेरे पास और ज्यादा समय होता" । तो उन लोगों से मेरा सवाल है कि यदि उन्हें रोज 24 घंटे के बजाय 26 घंटे दे दिए जाएं तो वे क्या करेंगे ? उनका जवाब होगा कि उन 2 अतिरिक्त घंटो में वे बहुत कुछ कर लेंगे, लेकिन ऐसा नहीं है क्योंकि जो 24 घंटो का उपयोग नहीं कर पाए वे 26 घंटो का उपयोग कैसे कर पाएंगे, बल्कि वे अतिरिक्त मिले हुए दो घंटे भी व्यर्थ ही करेंगे । वास्तव में सभी को रोज सिर्फ 1440 मिनट ही मिलते हैं और कोई भी अपने समय को बढ़ा नही सकता । इसलिए इन्हीं 1440 मिनट का सही उपयोग करना होगा क्योंकि यदि आपने 24 में से 23 घंटे का ही उपयोग किया तो बचा हुआ एक घंटा आपको दूसरे दिन में जुड़कर नहीं मिलेगा, इसलिए **"अपने मिनटों का ध्यान रखें, घंटे अपना ध्यान स्वयं ही रख लेंगे"**।

आप चाहें तो अपने कार्यों को समय के हिस्सों में बाँट सकते हैं, जैसे 10 से 11 यह काम, 11 से 12 वह काम आदि...या फिर कार्यों को सप्ताह के दिनों के अनुसार भी बाँट सकते हैं । लेकिन **'समय प्रबंधन'** के साथ ही **'संकल्प शक्ति'** भी दृढ़ होनी चाहिए ताकि सभी काम नियमित रूप से समय पर होते रहें, क्योंकि **"समय प्रबंधन किसी भी उद्देश्य को पूरा करने की वास्तविक कुंजी है"** ।

ग्राहकों को उनके महत्वपूर्ण होने का अहसास दिलाएं

ग्राहक छोटे हो या बड़े सभी महत्वपूर्ण हैं और यह बात आप भी जानते हैं, परंतु क्या यह बात आपके ग्राहक जानते हैं ? अगर नहीं जानते तो आप उन्हें यह महसूस कराएं कि वे आपके लिए महत्वपूर्ण हैं । यह तरीका ग्राहकों को लंबे समय तक आपसे जोड़े रखने के लिए कारगर साबित हो सकता है । बस इस बात का ध्यान रखना होगा कि कहीं आप उन्हें ओवर वैल्यू तो नहीं दे रहे हैं, क्योंकि अक्सर ऐसा देखा गया है कि **"ओवर वैल्यू देने से ज्यादातर**

ग्राहकों को यह गुमान हो सकता है कि उनके बिना आप कुछ नहीं है"
और इस वजह से वे ज्यादा मोलभाव कर सकते हैं।

लेकिन उन्हें वैल्यू तो देनी होगी, क्योंकि **"ग्राहकों के बिना कोई कंपनी, दुकान, शॉपिंग मॉल या व्यापार नहीं होता।** अतः ग्राहकों को किसी ना किसी रूप में यह अहसास दिलाते रहें कि वे आपके संस्थान के लिए महत्वपूर्ण हैं।

प्रोडक्ट / सर्विस की डिमांड बनाए रखिए

आपके प्रोडक्ट या सर्विस की डिमांड हमेशा बनी रहे इसके लिए आप डिमांड से सप्लाई थोड़ी कम रख सकते हैं। जिससे ग्राहकों को यह लगे कि इस प्रोडक्ट की डिमांड ज्यादा है, साथ ही प्रोडक्ट की क्वालिटी और सर्विस का स्तर इतना शानदार हो कि ग्राहकों को स्वयं ही आपके पास आना पड़े। इसमें यह भी स्पष्ट है कि ग्राहक सिर्फ प्रोडक्ट या सर्विस ही नहीं बल्कि अन्य चीजों पर भी वे गौर करते है, जैसे कस्टमर हैंडलिंग, रेट्स, क्वालिटी, व्यवहार कुशलता आदि...इसलिए आप ऐसा क्या विशेष दे सकते हैं जो दूसरे नहीं दे रहे हैं, इस पर अवश्य विचार करें। एवं अपने प्रोडक्ट या सर्विस की अलग पहचान बनाने के लिए कुछ बातों का ध्यान रखें, जैसे...

- ✓ आपकी सर्विस का स्तर एवं प्रोडक्ट की क्वालिटी दूसरों से बेहतर हो।
- ✓ तुलनात्मक रूप से आपकी सर्विस या प्रोडक्ट के रेट्स कम हो।
- ✓ ग्राहकों के लिए सर्विस या प्रोडक्ट वैल्यू फॉर मनी हो।
- ✓ ग्राहकों की जरुरतों के अनुसार Customised Services / Products भी रख सकते हैं।

आप अतिरिक्त चीजें जोड़कर भी अपने प्रोडक्ट की डिमांड बनाए रख सकते हैं जिसमें आपकी सर्विस या प्रोडक्ट, ग्राहकों की कोई बड़ी समस्या को हल करता हो। यदि प्रतिस्पर्धी नहीं दे रहें हैं तो आप आफ्टर सेल्स सर्विस भी दे

सकते हैं । इसके अलावा कंज्यूमर ऑफर, डिस्प्ले, सभी साइज के पैक, डिस्काउंट, क्वालिटी, रेट्स, कलर, पैकिंग, किश्तों में खरीदने की सुविधाएं इत्यादि से प्रोडक्ट की डिमांड बनी रहेगी ।

हर 'फ्री' की कीमत होती है

दुनिया में कोई भी चीज फ्री नहीं है । **"जो ऑक्सीजन प्रकृति से फ्री में मिलती है वही ऑक्सीजन अस्पतालों में बहुत महंगी बिकती है"** बस उसकी कीमत देने के लिए कोई जरूरतमंद होना चाहिए । एक कहावत भी है कि **"सबसे महंगी फ्री की ही चीज होती है"** क्योंकि अधिकतर बड़ी कंपनी अपने प्रोडक्ट या सर्विस पहले फ्री में देती है, बाद में लोगों को जब उन प्रोडक्ट्स की आदत लग जाती है तब वे उन्हीं प्रोडक्ट्स को कई गुना ज्यादा कीमत में बेचते हैं ।

अतः ऐसी पॉलिसी का शिकार होने से बचे, और यदि आप चाहें तो इसका इस्तेमाल अपने व्यापार में कर सकते हैं । अतः फ्री की चीज भले ही मत लीजिए, लेकिन संभावित ग्राहकों को अपने प्रोडक्ट के सैंपल या सर्विस का ट्रायल आदि फ्री में देकर अपने ऊपर आश्रित कर सकते हैं । यदि एक बार ग्राहकों को आपके प्रोडक्ट या सर्विस की आदत लग जाए तो फिर वे आपके प्रोडक्ट या सर्विस को कभी नहीं छोड़ेंगे ।

व्यापार में संबंध बनाने है, बिगाड़ने नहीं

आपको जब भी कोई सामान खरीदना हो तो आप उसी जगह जाना पसंद करेंगे जहां सामान भी अच्छा मिले और दुकानदार का व्यवहार भी अच्छा हो । याने दुकानदार के व्यवहार से भी बिक्री पर फर्क पड़ता है, अतः दुकानदार को हमेशा अपने प्रोडक्ट की गुणवत्ता एवं उपलब्धता के साथ ही व्यवहार कुशल भी होना चाहिए । क्योंकि **"इंसान दूसरों से मिली इज्जत एवं अपनो से मिली बेईज्जती कभी नहीं भूल पाता"** इसलिए जितना हो

सके सभी से मधुर संबंध बनाएं रखें, क्योंकि अच्छे संबंधों से अनेक फायदे होते हैं।

आप जब भी आप व्यापार में कोई नया प्रोडक्ट या सर्विस शुरू करते हैं तब अच्छे संबंधों से आपको फायदे मिल सकते हैं और **"यदि आपके अच्छे संबंध वक़्त के साथ मजबूत रिश्तों में बदल जाते हैं, तो भले ही वे आपको किसी प्रकार का कोई लाभ ना दें, लेकिन वे आपका नुकसान भी नहीं करेंगे"।**

आपका पहनावा आपका काम
आसान कर देता हैं

अक्सर आपने देखा होगा कि पुलिस हो या आर्मी ऑफिसर, डॉक्टर हो या वकील उनके कपड़े ही उनकी पहचान बन जाते हैं। मतलब यह कहना गलत नहीं होगा कि किसी भी व्यवसाय या व्यापार में पहनावे की अहम भूमिका होती है, और किसी के पहनावे की वजह से हम बड़ी सरलता से उनके सामाजिक स्तर, सोच व व्यवसाय का अंदाजा लगा लेते हैं।

ईश्वर ना करे कि आपको हॉस्पिटल में अपने परिवार के सदस्य की सर्जरी आदि करवाने की जरुरत पड़े। लेकिन आप ही सोचिए कि यदि डॉक्टर फटी हुई जीन्स, टी-शर्ट या फिर हाफपेंट व बनियान आदि पहनकर आए तो क्या आपको उनकी योग्यता पर शक नहीं होगा...। हो सकता है कि डॉक्टर की इस कैजुअल अप्रोच की वजह से आप सर्जरी करवाने से डरे या डॉक्टर बदलने की सोचने लगे।

क्योंकि हम सभी ने बचपन से देखा है कि डॉक्टर गंभीर होते है और हमेशा फॉर्मल कपड़े पहनते हैं। उसी तरह व्यापार के अनुरूप ही ड्रेस-कोड होना चाहिए जिससे आपकी पहचान व गरिमा बनी रहे। अत: व्यापार में अगर इन चीजों का फायदा उठाना है तो स्वयं और अपने स्टाफ को उनकी पोजीशन के अनुसार उपयुक्त यूनिफार्म पहनने के नियम का पालन करें और करवाएं।

जो रेट मार्केट में दें, उसका रेट ऑनलाइन में बढ़ा दें

आजकल अधिकतम ग्राहकों के पास स्मार्ट फोन हैं, जिसमें इंटरनेट होने से ग्राहक किसी भी ब्रांड के रेट्स गूगल, अमेज़न, फ्लिप्कार्ट आदि में ऑनलाइन ही चेक कर लेते हैं । यदि आप कोई मैन्युफेक्चरर हैं तो आपको इस बात का ज्यादा ध्यान रखना होगा कि, जो भी प्रोडक्ट आप मार्केट में किसी भी रिटेलर, डिस्ट्रीब्यूटर या व्होलसेलर को दें तो उसका दाम ऑनलाइन में बढ़ाकर रखें । अन्यथा लोग सिर्फ ऑनलाइन ही खरीदेंगे और हो सकता है लोकल रिटेलर ऐसे प्रोडक्ट को रखने से मना कर दें ।

जिससे यह नुकसान होगा कि आपकी बिक्री सिर्फ ऑनलाइन तक ही सीमित रह जाएगी । जबकि रिटेल मार्केट की ताकत सदियों से ज्यादा ही रही है । इसलिए ऑनलाइन के रेट्स अलग ही रखें, नहीं तो रिटेलर आपके प्रोडक्ट को नहीं बेचेंगे और आपके प्रोडक्ट की एंटी मार्केटिंग भी कर सकते हैं । क्योंकि इतिहास गवाह है कि **"जब भी किसी प्रोडक्ट को रिटेल मार्केट ने सपोर्ट नहीं किया तो ऐसे प्रोडक्ट का भविष्य उज्ज्वल नहीं रहा है"** ।

ग्राहक वही खरीदें, जो आप बेचना चाहते हैं

व्यापारी को सबसे पहले ग्राहकों की पसंद व नापसंद समझनी होगी, उसी अनुसार वे ग्राहकों को प्रोडक्ट या सर्विस दे सकते हैं । जिसमें ध्यान रखने वाली बात यह है कि आप ऐसे प्रोडक्ट या सर्विस डिजाईन करें जिनमें आपका एकाधिकार हो और प्रोडक्ट या सर्विस के रेट्स, ऑफर, फीचर, क्वालिटी और उपयोगिता के मामले में आपके सामने कोई प्रतिस्पर्धी ना ठहर पाए । क्योंकि ग्राहक आपके प्रोडक्ट या सर्विस तभी लेंगे जब उनके द्वारा लगाए हुए फिल्टर पर आप खरे उतरते हैं...।

- ✓ **पहला**- आपकी सर्विस या प्रोडक्ट से उन्हें किसी बड़ी समस्या का समाधान मिल रहा हो।
- ✓ **दूसरा**- आपके पास ऐसी सर्विस या प्रोडक्ट हो जो उस क्षेत्र में किसी दूसरे के पास ना हो।
- ✓ **तीसरा**- आपकी सर्विस या प्रोडक्ट के रेट्स प्रतिस्पर्धियों से कम हो।
- ✓ **चौथा**- आपके प्रोडक्ट की क्वालिटी और सर्विस का स्तर प्रतिस्पर्धियों से बेहतर हो।

क्योंकि ज्यादातर ग्राहक आज भी रेट्स को सर्विस या प्रोडक्ट के मुकाबले ज्यादा अहमियत देते हैं। साथ ही वे क्वालिटी एवं स्तर को भी परखना नहीं भूलते हैं। इसलिए यदि मार्केट में बने रहना है तो ग्राहकों की मानसिकता को बदलने की बजाय स्वयं के प्रोडक्ट या सर्विस में उचित बदलाव लाने पर ध्यान दें।

रेटिंग और रिव्यु तो होना ही चाहिए

आज का दौर Rating (ग्राहकों द्वारा प्रोडक्ट की संतुष्टि का पैमाना जो सामान्यतः 1 से 5 स्टार के बीच में होता है) और Review (ग्राहकों द्वारा प्रोडक्ट के उपयोग के आधार पर की गई समीक्षा) का है। अतः संभावित ग्राहकों को ऑनलाइन सर्च करने पर सभी प्रोडक्ट्स रेटिंग और रिव्यु के साथ दिखते रहना चाहिए, इसके लिए आपको अपने प्रोडक्ट को ऑनलाइन उपलब्ध करवाना पड़ेगा, इस माध्यम से कोई भी व्यक्ति घर बैठे ही आपके प्रोडक्ट्स की पूरी जानकारी ले सकता है और रेटिंग व रिव्यु देख सकता है साथ ही प्रोडक्ट भी मंगवा सकता है।

इसलिए जब भी कोई ग्राहक आपके प्रोडक्ट से संतुष्ट नजर आए तो आप उनसे आग्रह कीजिए कि वे आपके प्रोडक्ट के बारे में कमेंट बॉक्स में कुछ अच्छा लिखें और हो सके तो रेटिंग भी दें। ताकि संभावित ग्राहक आपके मौजूदा ग्राहकों की संतुष्टि का स्तर देख सकें जिससे वे आपसे बिना जोखिम के जुड़ पाएंगे। इस तरह 'Rating और Review' से संभावित ग्राहकों को आपसे जुड़ने में आसानी होगी।

Note :- यदि किसी ग्राहक को आपके प्रोडक्ट या सर्विस में कुछ कमी नजर आए तब ऐसे ग्राहकों की शिकायतों को समय रहते दूर करना होगा, जिससे उनकी संतुष्टि का स्तर बना रहे और वे निगेटिव फीडबैक देने की ना सोचें ।

ग्राहक आपको भूल जाएंगे, लेकिन आपको उन्हें भूलने नहीं देना है

मार्केट में बहुत सी कंपनियां ऐसी हैं जो अपने ग्राहकों का विशेष ध्यान रखती हैं, जैसे फूटवेयर, ज्वैलरी, मोबाइल, घड़ी, रेडीमेड गारमेंट्स बनाने वाली कंपनी अपने ग्राहकों को उनके बर्थ-डे एवं एनिवर्सरी के अवसर पर कॉल करती है । साथ ही ई-मेल व मैसेज के माध्यम से भी उन्हें शुभकामनाएँ देती हैं, इसके पीछे उनका उद्देश्य ग्राहकों के दिलो-दिमाग में अच्छी छबि बनाना होता है, याने ग्राहक भले ही उनकी कंपनी को भूल जाएं, लेकिन वे कभी अपने ग्राहकों को नहीं भूलते ।

कुछ कंपनियां तो ग्राहकों को उनके बर्थ-डे या एनिवर्सरी पर विशेष ऑफर या सामान्य से ज्यादा छूट भी देती हैं, इसके अलावा नववर्ष, होली, दीवाली, रक्षाबंधन, ईद, बैशाखी, दशहरा, क्रिसमस आदि त्योहारों पर भी शुभकामनाएँ देती हैं । अत: आप भी इस असरदार और कारगर तरीके से अपने ग्राहकों को लंबे समय तक जोड़े रख सकते हैं. मतलब यह है कि भले ही आपके ग्राहक आपको भूल जाएं परंतु आपको उन्हें भूलने नहीं देना है ।

बिना खरीदे दुकान से निकले ग्राहक के वापस आने की संभावना 10% ही है

कोशिश कीजिए कि जो ग्राहक आपके पास आएं वे आपकी दुकान से खाली हाथ ना लौटें क्योंकि अगर वे बिना कुछ खरीदे वापस चले गए तो जाने-अनजाने में आपको कुछ नुकसान भी हो सकते हैं, जैसे...

- ✓ **पहला :-** ग्राहक प्रतिस्पर्धी के पास जा सकते हैं जिससे प्रतिस्पर्धियों की बिक्री बढ़ेगी, आपकी नहीं ।
- ✓ **दूसरा :-** शायद वे यह सोचकर दोबारा ना आएं कि आपके प्रोडक्ट के रेट्स या क्वालिटी संतोषजनक नहीं है ।
- ✓ **तीसरा :-** आपकी दुकान में प्रोडक्ट की उपलब्धता कम है या आपका व्यवहार ठीक नहीं है, ऐसा कहकर वे आपकी निगेटिव मार्केटिंग भी कर सकते हैं ।
- ✓ **चौथा :-** कुछ ग्राहक दोबारा इसलिए भी नहीं आते हैं क्योंकि उनका स्वाभिमान उन्हें इजाज़त नहीं देता है ।

एक कहावत है कि "**यदि आप वही काम करेंगे जो आज तक करते आए हैं, तो आपको वही परिणाम मिलेंगे जो आज तक मिलते आए हैं**" ।

फीचर बताने से पहले ग्राहकों की रुचि के बारे में बातें करें

हर व्यक्ति को स्वयं के बारे में बातें करना और दूसरों से अपने विषय में अच्छा सुनना बहुत पसंद होता है । "**अधिकांश ग्राहक चाहते हैं कि लोगों की बातों में उनकी अच्छी आदतों, उपलब्धियों और सफलता का जिक्र हो**" । लोग उनके काम को सराहें, व्यवहार व नाम आदि की प्रशंसा करें, उनका गुणगान हो, तो यदि आप भी चाहते हैं कि आपके प्रोडक्ट्स खूब बिके तो प्रोडक्ट की तारीफ या फीचर आदि के बारे में बताने से पहले ग्राहकों की अच्छाइयों एवं उनके व्यक्तित्व की प्रशंसा करें ।

अतः जब भी ग्राहक आपके पास आएं तो उनकी बातों में रुचि लें क्योंकि हर व्यक्ति में कुछ ना कुछ खास जरूर होता है जो दूसरों में शायद ना हो, और वैसे भी कोई व्यक्ति परिपूर्ण नहीं होता, इसलिए ग्राहकों की अच्छाइयों को देखें व उनकी खूबियों को सराहें । उसके बाद जब आप उन्हें प्रोडक्ट के बारे में बताएंगे तब वे ध्यानपूर्वक सुनेंगे और हो सकता है कि उस प्रोडक्ट की बिक्री की संभावना बढ़ जाए ।

The squeaky wheel gets grease

एक कहावत है कि **"आवाज करने वाले पहिये को ही ग्रीस मिलता है"** याने उसी व्यक्ति को समाधान मिलने के चांस हैं जो शिकायत करेगा और जो चुपचाप सहन करता रहेगा तो हो सकता है कि उसकी परेशानियों पर किसी का ध्यान ही ना जाएं ।

व्यापार में आप अपने कर्मचारियों, वेंडर सप्लायर आदि से जोड़कर इसे देख सकते हैं चूँकि दुनिया अवसरवादियों से भरी पड़ी है इसलिए कुछ लोग उनके फायदे के लिए...

- ✔ आपको हानि पंहुचा सकते हैं ।
- ✔ आपका समय या नाम ख़राब कर सकते हैं ।
- ✔ आपकी बातों को अनसुना कर सकते हैं ।
- ✔ आपके आदेश की अवहेलना हो सकती है ।
- ✔ आपको बेवकूफ बना सकते हैं ।
- ✔ कर्मचारियों की प्रोडक्टिविटी कम हो सकती है ।
- ✔ आपके कर्मचारियों को जॉब के लिए ऑफर दे सकते हैं ।

अगर उनके दिमाग में यह मैसेज चला गया कि या तो आप उनकी गतिविधियों पर ध्यान नहीं देते हैं या फिर वे आपके साथ चाहें जैसा वर्ताव या व्यवहार करें आपको फर्क नहीं पड़ता है तब वे इस बात का भरपूर फायदा उठा सकते हैं ।

इसलिए कहते है कि पूर्व निर्धारित अंतराल में कर्मचारियों की प्रोडक्टिविटी, अनुशासन एवं उनके सभी कार्यों का अवलोकन करते रहें, साथ ही वेंडर और सप्लायर से ख़रीदे जाने वाले प्रोडक्ट की समय पर डिलेवरी, गुणवत्ता व दाम, पैसों का लेन-देन, सर्विस का स्तर आदि पर विशेष नज़र रखें और **"निश्चित अंतराल पर वाजिब शिकायतें करते रहें"** ।

कंज्यूमर ऑफिर

कुछ लोग बहुत रचनात्मक होते हैं और अपने दिमाग का उपयोग बेहतर तरीके से करते हैं, और वे अपने प्रोडक्ट या सर्विस की मार्केटिंग रणनीति से संभावित ग्राहकों को लुभाने में सफल हो जाते हैं । ऐसे ही डिस्काउंट के मामले में रेडीमेड कपड़े बेचने वाली एक कंपनी की शुरूआती रणनीति कुछ ऐसी थी जिसमें वे अपने कपड़ों की एमआरपी पर 50+20+20% डिस्काउंट और कई बार 50+40% डिस्काउंट भी चलाते थे ।

जिससे लोगों को यह लगता था कि एमआरपी पर टोटल डिस्काउंट 90% है, याने 1000 रू. वाला प्रोडक्ट उन्हें सिर्फ 100 रू. में मिल जाएगा, इस लालच में बहुत से ग्राहक उनके शोरूम से कपड़े खरीदते थे । फिर काफी समय बाद ग्राहकों को पता चला कि 50+20+20% याने 68% होता है और 50+40% याने 70% होता है । लेकिन ऐसी मार्केटिंग रणनीति की वजह से उन्हें देश भर में अच्छा प्रतिसाद मिला।

पेमेंट की समय सीमा और अंतिम तिथि तय हो

कहते हैं कि **"जिस व्यक्ति को समय पर पेमेंट लेना और देना आ गया, समझो उसे व्यापार करना आ गया"** । अतः आप भी सबसे पहले अपने अकाउन्ट्स डिपार्टमेंट के साथ पेमेंट से संबंधित गाइड लाइन तैयार कीजिए । ताकि पेमेंट लेने और देने के तरीके, माध्यम, समय सीमा, तारीख या दिन पूर्व निर्धारित हो, और यदि किसी कारणवश आप पेमेंट देने में लेट हो जाते हैं तो न सिर्फ अपने सिस्टम को सुधारें, बल्कि सामने वाले से कारण सहित माफी मांगे व लेन-देन की अंतिम तिथि निश्चित करें, ताकि जब भी किसी को पेमेंट देना या लेना हो तो अंतिम तिथि तक बात आने से पहले ही लेन-देन पूरा कर पाएं ।

दरअसल "पैसे के लेन-देन में व्यापारी को हमेशा साफ सुथरी छबि बनाए रखनी चाहिए, जो प्रगतिशील व्यापारी की पहचान होती है" और इसके लिए आर्थिक गतिविधियों पर आपका नियंत्रण होना जरूरी है ।

उधारी वसूलते समय विनम्र रहें, क्योंकि एक गलती हुई और पैसा डूबा

व्यापार में पेमेंट डूबना आम बात है क्योंकि दस में से एक या दो ग्राहक ऐसे होते हैं जिन्हें उधार देना पड़ सकता है । उधार देने के बाद कई बार समय पर पैसे वापस नहीं मिल पाते, क्योंकि कुछ लोगों के मन में बेईमानी आ जाती है और वे पैसे नहीं देते या फिर लटकाते रहते हैं... ताकि एक दिन आप थक-हार कर पैसे छोड़ दें । लेकिन कोई भी व्यक्ति अपनी मेहनत की कमाई भला क्यों छोड़ेगा ?

बल्कि आप हर संभव प्रयास करेंगे कि अटके हुए पैसे आपको वापस मिल जाएं और ऐसा करते हुए याने उधारी वसूलते समय आपका दिमाग खराब हो सकता है और ना चाहते हुए भी आपकी जुबान से अपशब्द निकल सकते हैं या फिर गुस्से में झल्लाकर आप उन्हें बुरा-भला भी कह सकते हैं । लेकिन याद रखें कि आपकी एक छोटी सी गलती आपके पैसे डूबा सकती है । अतः "पेमेंट को प्लीज-प्लीज करके वसूलें, मुस्कुराहट के साथ अनुरोध करते रहें एवं प्रयासरत रहें... क्योंकि ऐसी परिस्थितियों में धैर्य के साथ फॉलोअप करते रहने के परिणाम अक्सर बेहतर देखे गए हैं" ।

कम बिकने व जल्दी खराब होने वाले सामान की ज्यादा खरीदी ठीक नहीं

इससे आपको यह नुकसान हो सकता है कि मार्केट में आने वाला कोई नया या बेहतर प्रोडक्ट आपके द्वारा खरीदे गए प्रोडक्ट को रिप्लेस कर देगा या

आपके सप्लायर जान-बूझकर कम कीमत या ऑफर में माल बेचकर उनके **"गले की माला"** आपको पहनाने की कोशिश करें । तब ऐसी स्थिति में आवश्यकता से अधिक सामान खरीदकर आप फंस सकते है ।

कई बार ऑफर या ज्यादा मार्जिन के लालच में व्यापारी बंधु जिन प्रोडक्ट्स को अधिक मात्रा में खरीद लेते हैं, वे उतने काम नहीं आते । और फिर व्यापारी बंधु भी दूसरे कामों में व्यस्त होते चले जाते हैं जिस वजह से अधिकतर प्रोडक्ट या तो एक्सपायर हो जाते हैं या फिर खराब । सामान्यतः ग्राहक भी उन प्रोडक्ट्स की उतनी कद्र नहीं करते, जो मार्केट में आसानी से उपलब्ध होते हैं । **"इसलिए ऐसे प्रोडक्ट्स में ज्यादा पैसे फंसाकर अपने "गले की हड्डी" मत बनने दीजिए, जिसे बाद में ना निगलते बने और ना उगलते"** ।

सप्लायर या वेंडर से ग्राहकों को मिलने मत दीजिए

एक दोस्त अपने दोस्त को बता रहा था, कि **मैंने अपनी प्रेमिका को लगातार पाँच सालों तक रोज चिट्ठियाँ लिखी...** दूसरे दोस्त ने जिज्ञासावश पूछा कि फिर क्या हुआ ? पहले दोस्त ने उत्तर दिया कि होना क्या था, उसने पोस्टमैन से शादी कर ली... खैर यह तो एक मजाक था ।

चलिए वापस अपने मुद्दे पर आते हैं कि आपके सप्लायर या वेंडर जिनसे आप हमेशा प्रोडक्ट खरीदकर ग्राहकों को बेचते हैं जिसमें बीच का अमाउंट आपका मुनाफा होता है । यदि आपने जाने-अनजाने में अपने वेंडर या सप्लायर की जानकारी ग्राहकों को दे दी, तो हो सकता है कि आपके ग्राहक आपके सप्लायर या वेंडर से मिलकर उनसे सीधे सामान खरीदने लगे और आपको **"दूध में से मक्खी की तरह बीच से निकालकर फेंक दें"** ।

इससे ग्राहकों को यह फायदा होगा कि उन्हें कम रेट्स में प्रोडक्ट मिल जाएंगे और वे आपका मार्जिन भी बचा लेंगे । लेकिन आपको सबसे बड़ा नुकसान यह होगा कि आपके ग्राहक आपसे हमेशा के लिए छूट जाएंगे, परिणामस्वरूप आपकी बिक्री और मुनाफे पर काफी फर्क पड़ सकता है ।

ग्राहकों को लगना चाहिए कि आपके पास ढेर सारे ग्राहक हैं

यदि आपके ग्राहकों को यह लगे कि आपके पास ज्यादा ग्राहक नहीं है तो वे ऐसा समझ सकते हैं कि कुछ ना कुछ ऐसा जरूर होगा जिसकी वजह से ज्यादातर लोग आपसे डील नहीं करते हैं। इस वजह से ग्राहक आपसे जुड़ना पसंद नहीं करेंगे व उनकी ऐसी सोच आपके व्यापार की बिक्री पर नकारात्मक प्रभाव डाल सकती है।

इसके विपरीत आपके संभावित ग्राहकों को जब यह पता चलता है कि आपके मौजूदा ग्राहकों की संख्या पहले से ही ज्यादा है तो वे आसानी से आप पर विश्वास कर लेते हैं। उन्हें लगता हैं कि जब इतने सारे ग्राहक आपसे जुड़े हुए हैं तो निश्चित रूप से आपके प्रोडक्ट या सर्विस में कुछ खास बात होगी। यदि आपके प्रोडक्ट या सर्विस के रेट्स, क्वालिटी के साथ ही आपका व्यवहार भी अच्छा है तो लोग हमेशा आपके ग्राहक बने रहना पसंद करेंगे। अतः शुरुआत से ही कुछ ऐसे प्रयास करें जिसमें ज्यादा से ज्यादा ग्राहक आप से जुड़ते चले जाएं, साथ ही आप पहले से जुड़े हुए ग्राहकों का ध्यान भी रखें।

मूल्य निर्धारण से फर्क पड़ता है

विश्व भर में ख्याति प्राप्त करने वाली एक कंपनी ने कुछ सालों पहले अपने नए और अनोखे रेट सिस्टम से ग्राहकों का ध्यान अपनी तरफ आकर्षित कर एक अलग पहचान बनाई। परिणामस्वरूप उनके प्रोडक्ट की बिक्री बढ़ी साथ ही उनके स्टोर्स की संख्या में भी दो से तीन गुना इज़ाफा हुआ। जिसमें वे 200 रूपए को 199.99 पैसे लिखते थे। वैसे देखा जाए तो इसमें सिर्फ 0.01 पैसे का ही फर्क था, लेकिन इस तरह के मूल्य निर्धारण की नीति ने ग्राहकों को रेट्स देखने का एक अलग नजरिया दिया। जिसमें ग्राहकों को लगता था कि 200 रूपए से 199.99 पैसे कम है। इसलिए वे उस कंपनी के प्रोडक्ट खरीदने में रूचि लेने लगे।

अतः इससे उस कंपनी की बिक्री काफी हद तक बढ़ गई थी और इसी तरह से बाकी कंपनियों ने भी इस नीति की नकल कर भरपूर फायदा उठाया । आजकल तो अधिकांश कंपनियां इसी तरह से काम करती हैं, क्योंकि मनोवैज्ञानिक रूप से 1000 की जगह 999.99 ग्राहकों को कम लगते हैं ।

व्यापार में माल खरीदने और बेचने में बेकरारी नहीं

लंबे समय तक व्यापार को चलाने के लिए धैर्य की बहुत जरुरत पड़ती है । क्योंकि ऐसा देखा गया है कि जो व्यापारी धैर्यशील नहीं होते, उन्हें सफल व्यापारी बनने में काफी चुनौतियों का सामना करना पड़ता है । जैसे कि महीनों पहले ही उपयुक्त प्रोडक्ट्स को खरीदना और उन्हें स्टोर करके रखना ताकि सही सीजन पर बेच सकें । आपको यदि व्यापार को बड़े स्तर पर ले जाना है तो माल खरीदने और बेचने में बेकरारी उचित नहीं, क्योंकि व्यापार में समय-समय पर अपने निर्णयों पर पुनः विचार करते हुए मार्केट की मांग एवं पूर्ति में सामंजस्य बनाने के लिए आपको धैर्यपूर्वक कदम उठाने पड़ेंगे, जैसे...

- ✓ प्रोडक्ट्स कब और कहां से कैसे व कितना खरीदकर रखना है ?
- ✓ कितने दिनों का एवं कितना स्टॉक मेन्टेन करना है ?
- ✓ किस वेंडर, सप्लायर या कंपनी से डील करना है ?
- ✓ प्रोडक्ट खरीदने के न्यूनतम व अधिकतम दाम का पूर्व निर्धारण ।
- ✓ व्होलसेल परचेसिंग के महत्त्व को समझकर खरीददारी करना ।

उसी प्रकार **"सामान बेचते समय"** भी आपको विशेष ध्यान देना होगा, ताकि समय रहते आप प्रोडक्ट्स की बिक्री कर पाएं और सही कीमत पर बेचकर वाजिब मुनाफा कमा पाएं, साथ ही स्टॉक किया हुआ सामान एक्सपायर या खराब भी ना हो ।

डिस्प्ले में अच्छे ब्रांड दिखाएं, पर ज्यादा मार्जिन वाले प्रोडक्ट को प्राथमिकता दें

हम सभी जानते हैं कि "**ब्रांडेड प्रोडक्ट**" नाम से ही बिक जाते हैं, और यही कारण है कि ज्यादातर कंपनियां ऐसे प्रोडक्ट्स में रिटेलर का मार्जिन कम रखती है, इसके बहुत से कारण हो सकते हैं, जैसे...

- ✓ ग्राहक ऐसे ब्रांड खरीदना स्टेटस सिंबल समझते हैं ।
- ✓ कंपनियां रिसर्च एंड डेवलपमेंट (R & D) में काफी पैसे खर्च करती हैं ।
- ✓ प्रोडक्ट की डिजाईन ट्रेंडी, मॉडर्न व बाजार की मांग के अनुरूप होती है ।
- ✓ सोशल मीडिया, प्रिंट मीडिया एवं इलेक्ट्रॉनिक मीडिया पर विज्ञापन में ज्यादा खर्च करते हैं ।
- ✓ तुलनात्मक रूप से इनकी क्वालिटी बेहतर होती है ।

अतः आप ब्रांडेड प्रोडक्ट्स को शोरूम में सजाकर अवश्य रखें, ताकि उन्हें देखकर संभावित ग्राहक आपके शोरूम तक आएं, फिर आप उन्हें ज्यादा मार्जिन वाले प्रोडक्ट्स बेच सकते हैं ।

सेल्स और मार्केटिंग एग्जीक्यूटिव की जगह डिस्ट्रीब्यूटर बनाइए

- ✓ क्या आप बड़े स्तर पर व्यापार करने का सोच रहे हैं ?
- ✓ किसी प्रोडक्ट को बनाने के लिए फैक्ट्री आदि का प्लान कर रहें हैं ?
- ✓ अपने ब्रांड को नेशनल या इंटरनेशनल लेवल पर देखना चाहते हैं ?

तो फिर संभवतः आपको एक बड़ी टीम की जरुरत पड़ेगी और अगर टीम बड़ी होगी तो उनके खर्चे भी ज्यादा होंगे, क्योंकि सेल्स एवं मार्केटिंग के लिए स्टाफ रखने से बिक्री तो बढ़ती है, लेकिन उन्हें मोटी तनख्वाह भी देनी

पड़ती है । फिर एम्प्लोयी को रखने में अन्य खर्च भी होते हैं, जिसमें प्रोविडेंट फण्ड, इंश्योरेंस, दैनिक भत्ता, यात्रा भत्ता, बोनस आदि शामिल होते हैं ।

अतः आप कोशिश कीजिए कि हर जगह सेल्स और मार्केटिंग एग्जीक्यूटिव नियुक्त करने की बजाय कुछ डिस्ट्रीब्यूटर्स भी बनाएं । जिससे उन्हें भर-भर के सैलरी नहीं देनी पड़ेगी बल्कि डिस्ट्रीब्यूटर्स से ही आप सिक्योरिटी डिपॉजिट आदि ले सकते हैं और स्टॉक के लिए उनसे इन्वेस्टमेंट भी करवा सकते हैं । याने **"कम समय, कम एनर्जी और कम पैसों में ज्यादा व्यापार कर सकते हैं"** ।

अपनी मुस्कान से ग्राहकों को लुभाना है, उनकी मुस्कुराहट में फंसना नहीं है

आपने गौर किया होगा कि **"किसी पानीपूरी (गोलगप्पे) वाले को खूबसूरत लडकियां चाहें कितना ही मुस्कुराकर देखें, लेकिन मजाल है कि बंदा गिनती भूल जाए"** । इसी तरह व्यापार में भी आपके वेंडर, डिस्ट्रीब्यूटर या सप्लायर मुस्कुराहट के साथ डिस्काउंट या उधारी जैसे प्रलोभन देकर आपको ज्यादा से ज्यादा माल बेचने की कोशिश करेंगे । उस समय आपको थोड़ी प्रेक्टिकल सोच और विवेकपूर्ण समझ की जरुरत पड़ेगी, जिसमें आपको अपनी जरूरतें, क्षमता, पूँजी, बिक्री, बाजार की मांग एवं ग्राहकों की संख्या के आधार पर ही निर्णय लेना होगा, ताकि किसी भी प्रकार का जोखिम ना रहे ।

अक्सर व्यापार में जोखिम तो रहता ही है, जैसे एक कहावत है "More Risk, More Profit" । लेकिन मेरा यह सुझाव है कि व्यापार में "Calculated Risk" होनी चाहिए ताकि जोखिम से फायदा हो । अतः आपको मुस्कुराहट में फंसना नहीं है...बल्कि अपनी मुस्कान से ग्राहकों को लुभाना है ।

पैसे कमाना अक्ल का खेल है

पैसे कमाना अक्ल का खेल है... ये बात सभी जानते हैं पर क्या उन्हें मालूम है कि **"कोई भी व्यक्ति उसी अनुपात में पैसे कमाता है जिस अनुपात में उसके पास उस फील्ड का अनुभव, योग्यता और कौशल होता है"** । इसलिए आपको ज्यादा से ज्यादा समय अपने व्यापार से जुड़े अनुभवी व सफल व्यापारियों के साथ गुजारना होगा और उनके अनुभवों से सीखकर आवश्यक व महत्वपूर्ण बदलाव भी करने होंगे । जिससे व्यापार में तरक्की हो और आप पैसे कमाने के नए, असरदार व कारगर तरीके भी सीख सकें ।

जिनमें कुछ बातें प्रमुख है ⇩

- ✓ प्रतिदिन स्वयं को निखारना ।
- ✓ सेल्फ इम्प्रूवमेंट की किताबें पढ़ना ।
- ✓ इंटरपर्सनल, कम्युनिकेशन व पीपुल हैंडलिंग स्किल सीखना ।
- ✓ व्यापार के दिग्गजों के साथ रहकर उनसे व्यापार के गुर सीखना ।
- ✓ मार्केट ट्रेंड और ग्राहकों की पसंद को समझना ।

क्योंकि यदि आप ग्राहकों की पसंद व मार्केट ट्रेंड को नहीं समझेंगे तो आप उन्हें संतुष्ट नहीं कर पाएंगे । यदि वे संतुष्ट नहीं हुए तो आपके प्रोडक्ट या सर्विस पर कभी आश्रित नहीं होंगे । याने बिक्री कम होगी और बिक्री कम हुई तो मुनाफा भी कम होगा । अतः आपको इस बात की जानकारी रखनी होगी कि मार्केट में कैसा ट्रेंड चल रहा है, डिमांड, रेट्स और ग्राहकों की पसंद नापसंद आदि क्या है एवं प्रतिस्पर्धी मार्केट में क्या ऑफर चला रहें हैं ।

माथा देखकर टीका लगाना

मान लीजिए कि आपकी मोबाइल शॉप है और वहां कोई व्यक्ति बीएमडब्ल्यू या मर्सेंडीज़ जैसी महंगी कार से आकर कहे कि उसे मोबाइल खरीदना है, तो आप क्या दिखाएंगे ?

निश्चित रूप से आप उन्हें शॉप का सबसे अच्छा मोबाइल दिखाएंगे, क्योंकि आप जानते हैं कि महंगी कार से आने वाला व्यक्ति किसी अच्छे ब्रांड का महंगा मोबाइल खरीदना चाहेगा, जिसे खरीदने में वो सक्षम भी होगा ।

लेकिन अगर कोई व्यक्ति साधारण परिवेश में दिख रहा है और शायद पैदल या टू व्हीलर से आया है तो हो सकता है कि आपको पूछना पड़े कि उन्हें किस बजट का मोबाइल चाहिए ? याने आपको ध्यान रखना होगा कि कौन से ग्राहक को कौन सा प्रोडक्ट बेचना है, तभी आप सभी तरह के ग्राहकों को संतुष्ट कर पाएंगे ।

एक सलाह :- जब आप मोबाइल खरीदने जाएं तो महंगी कार में ना जाएं और अगर महंगी कार से जाना ही पड़े... तो कार को आप कहीं दूर पार्क कर दीजिए । ☺

पहले गुणों का वर्णन कीजिए,
फिर कीमत बताइए

यदि आप अपने ग्राहकों को प्रोडक्ट या सर्विस की कीमत पहले बता देते हैं, तो बाद में उसके गुणों के वर्णन करने का कोई औचित्य नहीं रह जाता । क्योंकि ग्राहक की सुई अक्सर कीमत पर अटक जाती है । इसलिए पहले आप सर्विस या प्रोडक्ट के गुणों का विस्तार से वर्णन कीजिए । जिसमें सभी फीचर्स, फायदे, रीसेल वैल्यू, रिपेयरिंग, कॉल सेंटर्स और ऑफिस का पता आदि बता सकते हैं ।

सारी जानकारियां देने के बाद जब आपको यह लगे कि ग्राहक आपकी बातों से सहमत हो रहे हैं तब आप उन्हें कीमत बता सकते हैं । ऐसा इसलिए क्योंकि तब तक ग्राहक मनोवैज्ञानिक रूप से अंदाजा लगा लेते हैं कि यदि इस सर्विस या प्रोडक्ट में इतने गुण हैं तो इसकी कीमत कम से कम इतनी तो होगी ही, एवं ऐसे प्रोडक्ट या सर्विस को इस कीमत में लेना फायदेमंद होगा । ऐसी स्थिति में उन्हें वह कीमत कम या मुनासिब (value for money) लग

सकती है और यदि ग्राहक उस प्रोडक्ट को खरीदने के संकेत (Buying Signals) दे रहे हैं, लेकिन डिस्काउंट की वजह से रुके हुए है तो डिस्काउंट देकर फौरन डील क्लोज कर सकते है । क्योंकि **"व्यापारी का तुरुप का इक्का कीमत और डिस्काउंट होता है"।**

व्यापार के तरीके अलग-अलग हो सकते हैं, लेकिन सिद्धांत मुट्ठी भर होते हैं

दुनिया में हजारों व्यापारी ऐसे हैं जिन्होंने स्वयं के तरीकों से व्यापार शुरू करके सफलता अर्जित की है । लेकिन व्यापार के सिद्धांतों पर गौर करें तो वे हर किसी के लिए अलग नहीं होते हैं और उन्हें बदला भी नहीं जा सकता । चूँकि हर किसी का व्यापार करने का तरीका अलग, नया या अनोखा हो सकता है, लेकिन सिद्धांत नहीं । मान लीजिए, एक व्यापारी के लिए विक्रेता के रूप में रुपयों के लेन-देन के कई तरीके हो सकते है, जैसे ऑनलाइन, कैश, चेक, NEFT / RTGS, अकाउंट ट्रांसफर, फोन पे, गूगल पे, उधारी, डेबिट या क्रेडिट कार्ड आदि...लेकिन प्रोडक्ट या सर्विस के बदले में आप उनसे रूपए (उस देश की मुद्रा) ही लेंगे, जो कि व्यापार का एक सिद्धांत है ।

क्योंकि **"व्यक्ति अगर छांव देने वाले वृक्षों की कद्र ना करे, तो धूप उसका नसीब बन जाती है"**, इसलिए आप भी व्यापार के सभी महत्वपूर्ण सिद्धांतों को अपनाए, भले ही आप अपनी सहूलियत, जरूरतों एवं बाजार की मांग के अनुसार व्यापार के नियम बनाएं, जिससे प्रत्यक्ष रूप से आपको ही फायदा होगा ।

जब तक सच्ची न्यूज़ जूते पहनती है, तब तक झूठी न्यूज़ दुनिया घूम आती है

बाजार में यदि कोई आपके व्यापार या आपके बारे में झूठी अफवाहें फैलाता है तो अप्रत्यक्ष रूप से आपको काफी नुकसान हो सकते हैं । कई बार इसका सीधा असर आपके धंधे और ग्राहकों पर पड़ता है और जब तक आप लोगों

को उस अफवाह की सफाई या विस्तृत विवरण देंगे तब तक बहुत देर हो चुकी होगी । एक कहावत भी है कि, **"यह कलयुग है साहब, यहां झूठ को स्वीकार किया जाता है और सच का शिकार किया जाता है"**। अतः आपको ऐसी झूठी खबरों या अफवाहों का शिकार होने से बचना है ।

यदि आपके प्रतिस्पर्धी कभी आपके साथ ऐसा करें भी तो शिकार न होकर उन झूठी खबरों या अफवाहों को अपने सच के प्रकाश से धुंधला कर देना है । आप ऐसा तभी कर पाएंगे जब बाजार में आपने इज्ज़त और नाम पहले से कमाया हो ।

ग्राहकों और कर्मचारियों पर निर्भरता और विश्वास की हद निर्धारित हो

आप अपने ग्राहकों और कर्मचारियों पर अत्यधिक विश्वास ना करें और ना ही उन पर पूर्णतः निर्भर रहें, यह मत सोचिए कि वे आपसे हमेशा जुड़े रहेंगे । क्योंकि यह तो आप भी भलीभांति जानते हैं कि यदि ग्राहकों को दूसरी जगह थोड़ा भी फायदा दिखा तो वे आपको छोड़कर जा सकते हैं । यदि आपके कर्मचारियों को किसी ने 5 या 10 प्रतिशत ज्यादा सैलरी भी ऑफर कर दी या उन्हें कुछ और फायदा दिखा... तो वे भी जॉब छोड़कर दूसरी जगह ज्वाइन करने में देर नहीं करेंगे, भले ही वे आपके ऑर्गेनाइजेशन में कई वर्षों से काम कर रहे हों ।

इसलिए आपको यह मानकर चलना है कि वे (ग्राहक और कर्मचारी) कभी भी आपकी ऑर्गेनाइजेशन को छोड़कर जा सकते हैं, क्योंकि हर व्यक्ति अपने फायदे को ही प्राथमिकता देता है ।

बच्चे या धंधे की कसम खाना ओछी मानसिकता दर्शाता है

कुछ व्यापारियों और दुकानदारों को आपने अक्सर ऐसा बोलते हुए देखा या सुना होगा जिसमें वे छोटी-छोटी बातों पर **"धंधे की कसम, बच्चे की कसम, रोजी रोटी की कसम, तेरी कसम या तेरे सर की कसम"** आदि बोल देते हैं ताकि ग्राहकों को उन पर विश्वास हो जाए। लेकिन एक कहावत है कि **"गाँव में बच्चे की मौत पर माँ से ज्यादा गाँव की चुड़ैल रोती है"**। अतः इस तरह से कसमें खाना उचित नहीं है, वैसे लोग बखूबी समझ लेते हैं कि **"चोर की दाढ़ी में तिनका"** है, अतः ऐसे में झूठी कसमों से कोई फायदा नहीं होगा। इसलिए व्यापारी बंधुओं को हर छोटी बड़ी बातों पर कसम खानेवाली इस आदत से परहेज रखना चाहिए और व्यापरिक दृष्टिकोण से भी ऐसा करना आपकी छबि पर नकारात्मक प्रभाव डाल सकता है।

ग्राहकों से जितना करें वादा, उससे थोड़ा दें ज्यादा

अक्सर लोगों से यह गलती हो जाती है कि वे ग्राहकों से आर्डर लेते समय बड़े-बड़े वादे कर देते हैं ताकि आर्डर मिल जाए। लेकिन बाद में उन वादों को निभा नही पाते, फिर चाहे वह आर्डर प्रोडक्ट का हो या सर्विस का, जिससे ग्राहकों पर खराब इम्प्रैशन पड़ता है।

व्यापार में अधिकांश लोग ऐसी गलतियां करते हैं और शुरुआती दौर में मुझसे भी यह गलती हुई थी। परंतु स्वयं की गलतियों से सीखकर और उन्हें समय रहते सुधारकर व्यापार में कोई भी आगे बढ़ सकता है, और यदि हम ग्राहकों को वादों के मुताबिक सर्विस या प्रोडक्ट नहीं दे पाए या समय पर नहीं दे पाए तो फिर वे हमसे नाराज हो सकते हैं, परिणामस्वरूप उनकी नजरों में हमारे कमिटमेंट की कोई वैल्यू नहीं रह जाती और वे डील करना बंद कर सकते हैं।

वास्तव में देखा जाए तो ग्राहकों की यही समस्या है कि अक्सर सेवा प्रदाता (service provider) या विक्रेता अपने वादों के मुताबिक, उन्हें समय पर प्रोडक्ट या सर्विस नहीं देते हैं । याने आप सिर्फ इसका विपरीत **(समय से पहले और वादे से ज्यादा)** देकर देखें, आपको यह जानकर आश्चर्य होगा कि ऐसा करने में या तो प्रतिस्पर्धा ही नहीं है या फिर सबसे कम है । अतः ग्राहकों से जो भी वादा करें उससे थोड़ा ज्यादा देने की कोशिश करें ।

घोड़ा घास से दोस्ती करेगा
तो खाएगा क्या

एक पुरानी कहावत है जो शायद आपने सुनी भी होगी कि, **"घोड़ा घास से दोस्ती करेगा तो खाएगा क्या"** । यहां पर कहने का तात्पर्य यह है कि, यदि आप व्यापारी हैं तो आपको अपने ग्राहकों के साथ प्रोफेशनल रिलेशन रखने होंगे, जिसमें ग्राहकों के साथ आपको व्यावहारिक व मिलनसार तो होना पड़ेगा परंतु व्यक्तिगत नहीं । क्योंकि ऐसा देखा गया है कि कुछ व्यापारी अपने ग्राहकों (**दोस्तों, रिश्तेदारों और पड़ोसियों**) को सर्विस या प्रोडक्ट फ्री में दे देते हैं जो कि व्यापारिक परिप्रेक्ष्य में उचित नहीं हैं ।

हाँ, यदि आप चाहें तो करीबी रिश्तों में मुनाफा कम कर सकते हैं, लेकिन कुछ तो मुनाफा होना चाहिए, आखिर आप कमाने के लिए व्यापार कर रहें हैं । लेकिन मुनाफा मत छोड़िए और स्वयं का नुकसान करके तो व्यापार बिल्कुल भी नहीं ।

एक मुकाम पर पहुँचने के बाद सभी जानकारी रखना
जरुरी नहीं

यदि आपका व्यापार शुरूआती दौर में है तो आपको हर गतिविधि की जानकारी रखने की जरुरत पड़ेगी, लेकिन बाद में आप कर्मचारियों को उनकी योग्यता और अनुभव के आधार पर काम सौंप सकते है, इससे आपके

काम स्वतः होने लगेंगे और आप अपना कीमती समय ऑर्गेनाइजेशन के महत्वपूर्ण कार्यों को दे सकेंगे ।

इसके साथ ही सभी कार्यों को सुचारू रूप से चलाने के लिए आपको कुछ नीतियां बनाकर अपने कर्मचारियों से अमल भी करवाना होगा । अतः अपनी कंपनी की पॉलिसी डिजाइन कीजिए, नियम बनाइए और सभी कर्मचारियों को उनके अनुभव, काबिलियत और योग्यता के अनुसार काम सौंपिए । जिसमें हर कर्मचारी के टारगेट्स, जिम्मेदारियां और जवाबदारियां पूर्व निर्धारित हो, ताकि उनके सभी कार्य सही समय पर पूरे हो जाएं और उनकी प्रोडक्टिविटी की रिपोर्ट भी आप तक टाइम पर पहुँच सकें ।

'लिमिटेड सीट' या 'लिमिटेड ऑफर' के विज्ञापन से फर्क पड़ता है

ज्यादातर लोगों की आदत होती है कि जब कोई चीज अधिक मात्रा में उपलब्ध हो तो वे उसमें दिलचस्पी नहीं लेते या धीरे-धीरे उनकी दिलचस्पी कम हो जाती है । लेकिन जब उन्हें ऐसा लगता है कि कोई प्रोडक्ट बहुत कम है या उसकी उपलब्धता हर जगह नहीं है और यदि समय रहते वे निर्णय नहीं ले पाए तो वह प्रोडक्ट उन्हें नहीं मिल पाएगा और दूसरे उसका फायदा उठा लेंगे । तब वे उस प्रोडक्ट को खरीदने में अपनी दिलचस्पी दिखाते हैं ।

अतः आप भी अपने सामान या सर्विस के विज्ञापन के साथ कुछ शब्द या लाइन जोड़कर देखें । जैसे **"लिमिटेड ऑफर / लिमिटेड सीट"** ताकि आपके प्रोडक्ट की बिक्री बढ़ जाए, यह बेईमानी नहीं है बल्कि छोटी सी चतुराई है, अतः आप भी आजमा कर देख सकते हैं ।

पहले सोशल मीडिया में फॉलोअर बनाईए, फिर जो चाहे उन्हें बेचिए

आप सोशल मीडिया का इस्तेमाल करें, सोशल मीडिया आपका इस्तेमाल ना कर पाए । और यदि आपने सोशल मीडिया जैसे फेसबुक और इंस्टाग्राम में अच्छे फॉलोअर बना लिए हैं तो इसका फायदा आप अपने व्यापार में ले सकते हैं । मान लीजिए कि आपने यह निर्णय लिया है कि आप सोशल मीडिया पर अपने प्रोडक्ट सेल करेंगे, तो पहले से ही आपको अपने फेसबुक और इंस्टाग्राम पेज पर ज्यादा से ज्यादा फॉलोअर बनाने होंगे ।

ज्यादा फॉलोअर बन जाने के बाद यदि अपने प्रोडक्ट या सर्विस को उनके समक्ष रखते हैं तो उसे हाथों हाथ स्वीकारा जाएगा । चूँकि लोगों की नजर में आप एक ऐसे व्यक्ति हैं जिन्हें अधिकतर लोग फॉलो करते हैं तो वे भी आपके प्रोडक्ट या सर्विस को लेने से परहेज नहीं करेंगे ।

वैसे भी कुछ लोगों ने सोशल मीडिया पर पहले अपने फॉलोअर बनाए और फिर उन्हें अपने प्रोडक्ट या सर्विस की जानकारी देकर अपना ग्राहक भी बनाया, अतः आप भी इस तरीके को अपनाकर नए ग्राहक बना सकते हैं ।

सफल होने से पहले अपनी हार का ज़िक्र ना करें

हार का ज़िक्र करना गलत नहीं है लेकिन कोई भी ऐसे व्यक्ति से प्रेरित नहीं होगा जो जीवन भर असफल रहा हो, क्योंकि लोग अक्सर ऐसे व्यक्ति से प्रभावित होते हैं जिन्होंने अपनी असफलता को सफलता में बदल दिया हो । यदि कोई इस उम्मीद में लोगों के सामने अपनी असफलताओं का बखान करता है कि लोग उन्हें आज भी पहले जैसा ही महत्व देंगे क्योंकि वो पहले बहुत सफल थे, तो ऐसी उम्मीद रखना गलत होगा क्योंकि लोग वर्तमान

देखते हैं । इसलिए "कभी दूसरों के सामने स्वयं को बिखरने मत देना, क्योंकि लोग अक्सर गिरे हुए मकान की ईंटें तक ले जाते हैं" ।

लेकिन इसके विपरीत आप यदि सफलता के मुकाम पर पहुँचने के बाद लोगों को अपनी असफलताओं के किस्से सुनाते हैं, तो लोग यह सोचकर दिलचस्पी लेंगे कि आखिर आपने असफलता से सफलता के सफर में किन-किन बातों का ध्यान रखा और कौन-कौन सी गलतियों व आदतों में सुधार करके सफल हुए ।

बेखबर बनकर सबकी खबर रखिए

एक कहावत है कि "बेखबर बनकर सबकी खबर रखिए" याने एक व्यापारी को हमेशा यह मालूम होना चाहिए कि मार्केट में आखिर चल क्या रहा है, जिसमें उन्हें मार्केट की तत्कालीन गतिविधियों की समय पर जानकारी होनी चाहिए जैसे...

✓ ग्राहक वास्तव में क्या चाहते हैं ?
✓ प्रतिस्पर्धी क्या कर रहे हैं ?
✓ शहर किस दिशा में जा रहा है ?
✓ मार्केट ट्रेंड क्या है ?
✓ आजकल कैसे डिजाईन व पैटर्न चल रहे हैं ?
✓ अन्य व्यापारी उधार दे रहे हैं या नगद व्यापार कर रहे हैं ?
✓ नए वेंडर, सप्लायर और डिस्ट्रीब्यूटर कौन-कौन से हैं ?
✓ दूसरे व्यापारी ग्राहकों को किस रेट में क्या बेच रहें हैं ?
✓ आपके प्रोडक्ट के दाम, सर्विस का स्तर और आपके व्यवहार के बारे में ग्राहकों के फीडबैक ।

बस आपको इस तरह से नजर रखनी है कि लोगों को पता ही ना चले कि उन पर नजर रखी जा रही है । इससे आप सभी चीजें समझ पाएंगे और उनकी व्यापारिक रणनीतियों के अनुसार समय रहते कदम उठा पाएंगे ।

व्यापार में नफ़ा और नुकसान दोनों हो सकते हैं, आप तैयार रहिए

ऐसा शायद ही कोई व्यापारी होगा जिसको आज तक सिर्फ फायदा ही फायदा हुआ हो और नुकसान कभी नहीं । यदि आप व्यापार कर रहे हैं तो आपको नुकसान भी हो सकता है...क्योंकि **"वे खुशनसीब होते हैं जिन्हें बचपन से ही अपने परिवार के बड़े सदस्यों से सीखने को मिलता है कि व्यापार में क्या करना चाहिए और क्या नहीं"** ।

लेकिन उसके बावजूद भी कई व्यापारियों को नुकसान उठाना पड़ता है क्योंकि जैसा हम सोचते है, जरूरी नहीं कि व्यापार में ठीक वैसा ही होगा । कई बार फायदा भी होता है और नुकसान भी...अतः नुकसान से बचने के लिए कैलकुलेशन में माहिर रहें, प्रोएक्टिव अप्रोच रखें व प्लानिंग **(कागज पर बनाई हुई वास्तविक योजना)** का क्रियान्वयन सही तरह से करें, ताकि कोई नुकसान ना हो या फिर कम से कम हो... फिर भी आपको दोनों परिस्थितियों के लिए तैयार रहना होगा ।

शुरुआत में स्वयं ही सेल करें, बाद में टीम नियुक्त करें

अधिकांश लोग जब अपना व्यापार शुरू करते हैं तब वे यह चाहते हैं कि पहले दिन से ही उन्हें अनुभवी व योग्य सेल्स स्टाफ (एग्जीक्यूटिव / मैनेजर) मिल जाए, जिससे वे अपने प्रोडक्ट की ज्यादा से ज्यादा बिक्री कर सकें ।

आप बेशक ऐसा कर सकते हैं...लेकिन मेरा व्यक्तिगत रुप से यह मानना है कि शुरुआत में आपको ही प्रोडक्ट सेल करना चाहिए । क्योंकि **"शुरुआत में जिस ओनरशिप, मेहनत और लगन के साथ आप अपने प्रोडक्ट की सेल कर पाएंगे, ठीक वैसा ही आपकी टीम कभी नहीं कर**

पाएगी...और आप भी जानते हैं कि व्यापार में शुरूआत के कुछ महीने एवं साल बहुत महत्वपूर्ण होते हैं"।

भले ही आपका प्रोडक्ट कितना भी शानदार क्यों ना हो, फिर भी यदि आप बिक्री की जिम्मेदारी पूर्णतः अपनी टीम पर छोड़ देते हैं तो हो सकता है कि रिजल्ट मन मुताबिक ना आए। परिणामस्वरूप आप मानसिक रूप से टूट या बिखर सकते हैं या हो सकता है कि आपको आर्थिक नुकसान भी उठाना पड़े। अतः कोशिश करें कि शुरुआत में स्वयं ही अपने प्रोडक्ट की सेल करें।

असफल होने से डर लगता है तो सफलता की इच्छा भी मत रखिए

"जरुरी नहीं कि हर बार सफलता मिले, कभी-कभी सफलता, बड़ी हार के बाद भी मिलती है"। कहने का आशय यह है कि व्यापार एक ऐसी चीज है जिसमें सौ प्रतिशत सफलता की गारंटी कभी नहीं रहेगी। आपको कभी-कभी नुकसान भी उठाने पड़ सकते हैं लेकिन आपको हिम्मत नहीं हारना है और ना ही मैदान छोड़ना है, क्योंकि असफलता भी सफलता का ही हिस्सा है। सफलता रूपी दिन का उजाला भी तभी आएगा जब आप असफलता रूपी अंधियारी रात गुजार लेंगे, अतः जीतने की इच्छा भी तभी रखें जब आपको हारने से डर ना लगता हो, क्योंकि "**जो हार सकता है वही जीत सकता है**"। याद रखें कि "**असफलता ही सफलता का मार्ग दिखाती है**"। इसलिए आपको भी स्वयं की विफलताओं से सीखकर सकारात्मक सोच के साथ लगातार प्रयास करना होगा।

व्यापार दोस्ती, रिश्तेदारी या संबंध से नहीं, बल्कि सिस्टम से चलता है

अक्सर लोगों को यह कहते हुए सुना है कि...**"उनकी इतनी जान पहचान है कि वे चाहे कोई भी व्यापार करें वो तो चलेगा ही चलेगा"**, उनका ऐसा सोचना काफी हद तक सही भी है । परंतु इस बारे में गंभीरता से सोचने पर आप इस नतीजे पर पहुंचेंगे कि व्यापार सिर्फ दोस्ती, रिश्तेदारी या संबंधों के भरोसे नहीं चल सकता, क्योंकि...

- ✓ यदि आपकी सर्विस या प्रोडक्ट में दम नहीं है ।
- ✓ या प्रोडक्ट व सर्विस की उपलब्धता पर सवाल है ।
- ✓ या फिर आपके पास पर्याप्त कर्मचारी ही नहीं है।

तो ऐसे में आप सिर्फ संबंधों के दम पर अपने व्यापार की गाड़ी को लंबे समय तक नहीं खींच पाएंगे, इसलिए आपको अपने व्यापार के सिस्टम पर ज्यादा काम करने की जरूरत पड़ेगी । यहां पर सिस्टम का मतलब व्यापार से जुड़े सभी महत्वपूर्ण कार्यों, कारगर तरीकों और जिम्मेदारियों से है जो पूर्व निर्धारित होंगे । एवं उसी अनुसार आपको व्यापार से जुड़े सभी काम करने हैं तभी व्यापार सुचारू रूप से चल पाएगा क्योंकि **"नाम से मिला काम चले या ना चले, लेकिन काम से मिला नाम ज्यादा टिकाऊ होता है"** ।

अपने 'Key Staff' को कुछ अधिकार और पॉवर भी दें

यदि सभी काम आपको ही करना पड़े तो फिर आपके मैनेजमेंट, लीडरशिप और सिस्टम के ऊपर कई सवाल उठते हैं । कहते हैं कि व्यापार को अच्छे से चलाने के लिए आपको रोज कार्यस्थल पर जाने की जरूरत नहीं पड़नी चाहिए । बल्कि आपके कर्मचारियों के काम करने के तरीके इतने प्रभावी एवं

कारगर (Result & Output Oriented) होने चाहिए कि आपके जाए बिना भी आपका व्यापार ठीक तरह से चलता रहे।

अतः इसके लिए आपको काबिल और विश्वसनीय कर्मचारियों (Key Staff) को उनके कार्यक्षेत्र से जुड़े अधिकार और पावर देने होंगे ताकि छोटे-छोटे निर्णय वे स्वयं ही ले सकें। आप चाहें तो इसके साथ ही स्टाफ द्वारा खर्च की जाने वाली अधिकतम राशि भी पूर्व निर्धारित कर सकते हैं, जिससे सभी छोटे व कम महत्व रखने वाले निर्णयों के लिए वे आपसे संपर्क ना करें। लेकिन कुछ कार्य ऐसे होते हैं जिनमें आपका निर्णय ही अंतिम होगा, जैसे कोई बड़ा काम करवाना या कुछ खरीदना हो तो पूर्व निर्धारित राशि से बड़े अमाउंट के लिए उन्हें आपसे अनुमति लेनी होगी और उस निर्धारित राशि से कम अमाउंट के निर्णय आप स्टाफ पर छोड़ सकते हैं।

सौ में से नब्बे व्यापार तीन साल के अंदर ही बंद हो जाते हैं

इसका मुख्य कारण यह है कि जो लोग व्यापार शुरू करते हैं वे **"व्यापार में क्या करना जरूरी है और क्या नहीं"** यह नहीं समझ पाते। वैसे इस किताब को आखरी तक पढ़ने के बाद आपको बहुत से तरीके जानने को मिलेंगे लेकिन **आपने अभी-अभी कोई नया व्यापार शुरू किया है तो** आप उसे कम से कम तीन साल तक जरूर चलाएं, तभी आप समझ पाएंगे कि उसे कैसे सफल बनाया जा सकता है।

क्योंकि किसी भी व्यापार को बंद करने का अंतिम निर्णय लेने के लिए एक या दो साल का समय कम होता है और इतिहास गवाह है कि **"पहली बार में ही सफलता नहीं मिलती"** अतः बार-बार प्रयास करने होंगे। हर बार पुरानी गलतियों से सीखकर उन्हें दोहराने से बचेंगे तभी असफलता से सफलता की तरफ पहुंचेंगे...और इस प्रक्रिया में समय भी लगेगा।

इसलिए समय जरुर दें ताकि आप अपने व्यापार को सही ढंग से चला सकें। क्योंकि **"दो तरीकों से व्यक्ति बदलता है, या वह स्वयं बदल जाए या**

समय उसको बदल दे, स्वयं बदल गए तो ठीक है यदि समय ने बदला तो बहुत तकलीफ होगी" ।

पैसों के बिना भी व्यापार संभव है

अधिकतर लोगों को यह लगता है कि व्यापार के लिए पैसों की जरूरत तो पड़ेगी ही, क्योंकि बिना पैसों के व्यापार संभव नहीं है । लेकिन बिना पैसों के या कम पैसों में भी व्यापार शुरू किया जा सकता है बस आपकी इच्छा शक्ति प्रबल होनी चाहिए । साथ ही आपके प्रयास सही दिशा में लगातार होने चाहिए फिर धीरे-धीरे लोग भी आपको सपोर्ट करने लगते हैं और रास्ते भी नजर आने लगते हैं ।

क्योंकि कुछ व्यापार ऐसे भी होते हैं जिनमें शुरुआत से ही पैसों की जरूरत नहीं होती बल्कि बाद में होती हैं । तब तक कुछ हाथ आपकी मदद के लिए आगे आ सकते हैं या आप उधारी में भी अपना व्यापार शुरू कर सकते हैं, क्योंकि मार्केट में बहुत सारे वेंडर व सप्लायर उधार में भी माल देते हैं ।

कुछ कंपनियां तो दो से तीन महीने तक की उधारी भी देती है जिसमें सामान बेचकर आप मुनाफा कमा लेंगे उसके बाद पैसे चुका सकते हैं । इसके अलावा और भी बहुत से तरीके हैं जिनसे आप बिना पैसों के भी व्यापार शुरू कर सकते हैं, बस आपमें व्यापारिक रूप से सफल होने के लिए **"प्रबल इच्छा"** होनी चाहिए । एक कहावत भी है कि **"जहां चाह वहां राह"** ।

व्यापार इंट्रेस्टेड होने से नहीं
बल्कि कमिटेड होने से चलता है

संभावित व्यापारियों को इस बात पर विचार करना होगा कि यदि वे व्यापार चलाने में इंट्रेस्टेड **(दिलचस्पी या इच्छा)** है तो इससे उनका

व्यापार नहीं चलेगा, बल्कि उन्हें अपने व्यापार के लिए कमिटेड **(संकल्पित और समर्पित)** भी होना पड़ेगा ।

क्योंकि जैसे आप इंट्रेस्टेड हैं वैसे ही मार्केट में बहुत से लोग इंट्रेस्टेड होंगे । लेकिन सिर्फ इंट्रेस्टेड होने से काम चलता तो दुनिया में हर व्यक्ति के पास वो हर चीज होती जिसमें वे इंट्रेस्टेड हैं । याने अब उन्हें स्वयं को वचन देना होगा कि वे इस व्यापार में सफल होकर ही दिखाएंगे चाहे कितनी भी मेहनत, समय और एनर्जी लगे या फिर कितनी भी स्किल सीखनी पड़े, याने अब आपको कमिटेड होकर ही व्यापार करना होगा ।

आपकी टीम आपकी ही परछाई है

एक कहावत है **"Monkey see, Monkey do"** याने बंदर जैसा देखता है वैसा ही करता है । यहां पर पाठकों से निवेदन है कि वे यह ना समझे कि टीम की तुलना बंदरों से की गई है बल्कि यह सिर्फ एक कहावत है, और अक्सर देखा गया है कि आप जैसा करेंगे आपकी टीम भी लगभग वैसा ही करेगी, जैसे...

✓ आप झूठ बोलेंगे तो वे भी झूठ बोलेंगे ।
✓ आप चतुराई रखेंगे तो वे भी चतुराई रखेंगे ।
✓ आप ग्राहकों को कम महत्व देंगे तो बे भी ऐसा ही करेंगे ।
✓ आप खर्चों को लेकर लापरवाह हैं या सजग नहीं हैं तो हो सकता है कि वे भी वैसे ही हो ।
✓ आप कामचोरी करेंगे तो शायद वे भी कामचोरी करें ।
✓ आप बेईमानी या छल कपट करेंगे तो आपकी टीम भी वैसा ही करेगी ।

अतः आप अपनी टीम से जैसा चाहते हैं, आपको स्वयं भी वैसा ही बनना होगा । अक्सर यह देखा गया है कि टीम अपने लीडर का ही अनुसरण करती है । क्योंकि आपकी टीम आपकी ही परछाई है और परछाई को बदलने के लिए सर्वप्रथम स्वयं को ही बदलना होगा ।

सभी ग्राहकों को उधारी ना दें

हो सकता है कि व्यापार शुरू करने से पहले आपने यह निर्णय लिया हो कि आप किसी को भी उधारी नहीं देंगे...जो ठीक भी है, क्योंकि कहीं न कहीं उधारी डूबने का डर तो रहता है । लेकिन यह बात भी सच है कि कुछ व्यापार बिना उधारी के नहीं चल पाते हैं । अतः आपको निर्णय लेना होगा कि किस ग्राहक को उधारी देना है और किसको नहीं, क्योंकि यदि आप सभी को उधार देंगे तो हो सकता हैं कि आपका पैसा डूब जाए और आप ग्राहक भी खो सकते हैं ।

लेकिन कुछ ग्राहक ऐसे भी होंगे... जो काफी अरसे से आपके साथ जुड़े हुए हैं और भरोसेमंद भी हैं । इसलिए ऐसे ग्राहकों को कभी-कभी उधार में भी सामान देना पड़ सकता है, क्योंकि वे आपके पुराने ग्राहक हैं या वे शहर के प्रतिष्ठित व्यक्ति हैं या किसी ऊँचे पद पर कार्यरत हैं जिन्हें मना करना सही नहीं होगा । इसलिए विवेक से काम लें और बिना सोचे-समझे सभी ग्राहकों को उधार में सामान ना दें ।

जिनके चेहरे पर मुस्कान ना हो वे दुकान खोलने से पहले जरुर सोचें

मुस्कुराहट अपने आप में एक अभिव्यक्ति है जिसका असर गहरा एवं सर्वव्यापी है...। क्योंकि अक्सर देखा गया है कि जिन व्यापारियों के चेहरे पर मुस्कुराहट होती है या जो खुशमिजाज होते हैं उनकी दुकान में ग्राहकों का आना-जाना लगा रहता है और वे दूसरे व्यापारियों की अपेक्षा डील करने में बेहतर होते हैं ।

एक ग्राहक की नजर से देखें तो समझना आसान होगा । जैसे आप किसी दुकानदार के पास कोई प्रोडक्ट खरीदने जाते हैं और उनके चेहरे पर मुस्कुराहट नहीं बल्कि गम, गुस्सा या परेशानी के भाव देखते हैं तो ऐसे में आपका मन प्रफुल्लित नहीं होगा और ना ही वे आपका मन जीत पाएंगे, और हो सकता है कि आपका मूड भी खराब हो जाए । क्योंकि उदास चेहरा देखना किसी को पसंद नहीं होता है । हो सकता है कि अगली बार ग्राहकों को लगे कि ऐसे दुकानदार के पास जाकर मूड खराब करने से बेहतर है कि

किसी ऐसे दुकानदार के पास जाएं जो हंसमुख व मिलनसार हैं । अतः आप भी अपने चेहरे पर हमेशा मुस्कुराहट बनाए रखिए । व्यापारियों के बीच में अक्सर ऐसा कहा जाता है कि **"व्यापार में वृद्धि और कारोबार में समृद्धि तभी होती है जब सामान खरीदते वक़्त और पेमेंट देते वक़्त की मुस्कुराहट में फर्क ना हो"** ।

ग्राहक देवता है

एक पुरानी कहावत है कि **"ग्राहक देवता है"** और यदि आप व्यापारी हैं या आपकी कोई कंपनी या दुकान है । तो यह कहना गलत नहीं होगा कि वो कंपनी या दुकान हर चीज के बिना चल सकती है लेकिन ग्राहकों के बिना नहीं चल पाएगी, और जब हम कहते हैं कि ग्राहक ही देवता हैं तो उन्हें देवताओं जैसे इज्जत व मान-सम्मान भी देना होगा, साथ ही उनकी बातों को ध्यान से सुनना और समझना होगा ।

अतः कोशिश कीजिए कि आपका व्यवहार उनके प्रति अच्छा रहे, आपसे कोई गलती ना हो, आपके व्यवहार में विनम्रता हो और आपके प्रोडक्ट या सर्विस में त्रुटि ना हो ताकि आपका व्यापार बेहतर तरीके से चलता रहे, और ग्राहकों को भी बराबर सम्मान मिलता रहे ताकि वे हमेशा आपसे जुड़े रहें ।

बहुत ज्यादा या बहुत कम मार्जिन ना रखें

अधिकतर मामलों में देखा गया है कि या तो व्यापारी बंधू अपने प्रोडक्ट में बहुत ज्यादा मार्जिन रखते हैं या फिर बहुत कम । परंतु कुछ प्रोडक्ट (अपवाद) को छोड़कर दोनों ही तरीके दीर्घकालीन अवधि में फायदेमंद नहीं होते । क्योंकि ज्यादा मार्जिन रखने वाले व्यापारियों से ग्राहक ज्यादा दिनों तक डील करना पसंद नहीं करते हैं । आखिर किसी ना किसी दिन ग्राहकों को पता चल ही जाएगा कि आप उन्हें प्रोडक्ट या सर्विस महंगे दामों में दे रहे थे ।

यदि आप बहुत कम मार्जिन में काम करते हैं, तो हो सकता है कि आप लंबे समय तक व्यापार ही ना चला पाएं, क्योंकि सभी खर्च निकालने के बाद कुछ मुनाफा होगा तभी आप व्यापार चला पाएंगे । इसलिए जहां तक हो सके आप उतना ही **(ना ही बहुत ज्यादा और ना ही बहुत कम)** मार्जिन रखें, ताकि आपके ग्राहक आपसे लंबे समय तक जुड़े रहें और आप कुछ मुनाफा भी कमा सकें ।

80% परिणाम देने वाले 20% काम स्वयं करना फायदेमंद होगा

"आपके 20% काम आपको 80% परिणाम देंगे और 80% काम 20% परिणाम देंगे" । यह सिद्धांत परेटो सिद्धांत के नाम से भी जाना जाता है, क्योंकि यह सिद्धांत **"विलफ्रेडो परेटो"** नामक व्यक्ति का दिया हुआ एक विश्व प्रसिद्ध सिद्धांत है जो सभी तरह के व्यापार एवं मैनेजमेंट में काम करता है । अतः आप इस बात का ध्यान अवश्य रखें कि जो 20% काम हैं या तो आप उन्हें स्वयं करें या पूर्णतः अपने नियंत्रण में रखें, जिससे आपके 80% परिणाम सुरक्षित रहें ।

बाकी के 80% काम अपनी टीम को सौंप दें, क्योंकि इससे 20% परिणाम आएंगे । अगर किसी कारणवश वह 20% परिणाम आशानुरूप ना भी आएं तब भी आपके व्यापार पर कोई खास फर्क नहीं पड़ने वाला है, लेकिन 80% परिणामों का नियंत्रण आपके पास होना चाहिए ।

व्यापार में दूरदर्शिता जरुरी है

व्यापार में आज लिए गए निर्णय व उठाए गए कदम जरुरी नहीं कि आपको तत्काल परिणाम ही दें, कई बार इनके परिणाम आने में वर्षों लग जाते हैं । कहने का तात्पर्य यह है कि आपका व्यवहार, विनम्रता, प्रोडक्ट की क्वालिटी,

मार्जिन, सर्विस का स्तर, आपके संबंध, कर्मचारी, व्यापार करने के तरीके, सिस्टम या पॉलिसी हर चीज तुरंत असर नहीं दिखाएगी ।

बल्कि बहुत सारी चीजों के वास्तविक परिणाम आने में समय लग सकता है...**"यदि आपके हर निर्णय और कदम में दूरदर्शिता की झलक दिखती है तो भविष्य में निश्चित रूप से आपको फायदा ही होगा"** । अतः कोई भी निर्णय या उठाए गए कदम यह सोचकर लें कि आने वाले दस या बीस सालों बाद आपके व्यापार पर उनका क्या असर पड़ेगा...असर अच्छा पड़ेगा या खराब यह सोच विचारकर ही निर्णय लें और कदम उठाएं, ताकि भविष्य में आपको व्यापार वृद्धि के लिए संघर्ष ना करना पड़े ।

काम सौंपे और समय पर करवाएं भी

कहते हैं कि **"अकेला चना भाड़ नहीं फोड़ सकता"** याने कि आप कितने भी प्रतिभाशाली, काबिल, योग्य और अनुभवी क्यों ना हो... बिना टीम के आपका काम लगभग असंभव है । टीम से काम करवाना एक तरह की कला है जो सबके पास नहीं होती... परंतु इस कला को मेहनत और लगन से सीखा जा सकता है । अतः अपने कर्मचारियों की प्रतिभा के अनुरूप रोज उन्हें काम सौंपे और समय रहते उतनी ही कुशलता से काम करवा लें जितनी कुशलता से आप चाहते हैं ।

इन सभी के लिए कर्मचारियों को लगातार ट्रेनिंग देनी पड़ेगी और ना सिर्फ **"क्लासरूम ट्रेनिंग"** बल्कि **"ऑन द जॉब ट्रेनिंग"** भी देना है, जो लगातार करने वाले काम हैं । ऐसा नहीं है कि आपने एक बार ट्रेनिंग दी और काम हो गया, बल्कि यह तो हर महीने, हफ्ते या रोज भी करना पड़ सकता है ।

कार्य स्थल में भागीदारी बनाए रखें

कुछ व्यापारी ऐसे होते हैं जो एक बार टीम को काम सौंप देते हैं तो उसके बाद उस तरफ झांककर भी नहीं देखते । सामान्यतः ऐसे व्यापारी या तो घर

से ही काम करना पसंद करते हैं या फिर कार्यस्थल पर उतनी भागीदारी नहीं रखते, जितनी उन्हें रखनी चाहिए । अक्सर वे व्यापार में **"खिलाड़ी की बजाय दर्शक की भांति बने रहते हैं"** । इसका मतलब यह नहीं है कि टीम का काम भी आप स्वयं करें बल्कि टीम का काम उन्हीं से करवाना है।

लेकिन आप हमेशा दर्शक की भांति ना बने रहें, बल्कि खिलाड़ी भी बने और बीच-बीच में जहां भी आवश्यकता हो वहां स्वयं जाएं और भागीदारी बनाए रखें । यदि आप व्यापार को पूरी तरह से कर्मचारियों के भरोसे छोड़ देंगे, तो व्यापार में नुकसान होने की आशंका बनी रहेगी और उसके बहुत से दुष्परिणाम भी हो सकते हैं । जो लंबे समय में व्यापार के लिए हितकारी नहीं होंगे अतः कार्यस्थल में अपनी भागीदारी अवश्य बनाए रखें ।

सुरक्षा को महत्व जरूर दीजिए

सभी तरह के व्यापार में सुरक्षा एक महत्वपूर्ण पहलु होता है और व्यापार में प्रॉपर्टी एवं स्वयं की सुरक्षा के साथ ही अपने कर्मचारियों की सुरक्षा का ध्यान रखना भी आपकी ही जिम्मेदारी है । वैसे देखा जाए तो सुरक्षा के बहुत से मापदंड हो सकते हैं, जिनके बारे में सही और उपयुक्त जानकारी रखना आवश्यक है, क्योंकि सुरक्षा से संबंधित नियमों और तरीकों के बारे में भलीभांति जानकर आप किसी भी तरह के आकस्मिक नुकसान से बच सकते हैं । जिसमें मुख्य रूप से कर्मचारियों के लिए स्वास्थ्य बीमा, दुर्घटना बीमा और जीवन बीमा आदि है । साथ ही संपत्ति, टू-व्हीलर, फोर-व्हीलर एवं इलेक्ट्रॉनिक उपकरणों का बीमा इत्यादि से आपको फायदा ही होगा ।

इसके अलावा कुछ और भी चीजें जैसे व्यापार से संबंधित डाटा, फाइल, रिकॉर्ड, महत्वपूर्ण दस्तावेज जो सुरक्षा के दायरे में आते हैं और कार्यस्थल की बहुमूल्य चीजों की सुरक्षा के लिए सिक्योरिटी गार्ड, CCTV कैमरे, आग बुझाने वाले उपकरण, सेफ्टी अलार्म, मजबूत लॉकिंग सिस्टम आदि पर भी आपका ध्यान होना चाहिए । अतः व्यापार को सुरक्षित रखें, ताकि प्रॉपर्टी,

कर्मचारी और आप स्वयं भी शारीरिक, मानसिक व आर्थिक नुकसान से बच सकें ।

सप्ताह में एक दिन अवकाश जरूर रखें

कुछ व्यापारी पैसों को ज्यादा महत्व देते हैं इसलिए वे सप्ताह के सातों दिन व्यापार करना चाहते हैं या पूरे सप्ताह फैक्ट्री या कंपनी चलाना चाहते हैं । लेकिन ऐसा करना उचित नहीं है बल्कि सभी व्यापारियों को सप्ताह में कम से कम एक दिन ऑफिस, फैक्ट्री या कंपनी को बंद रखना चाहिए, जिसके अनेक फायदे हो सकते हैं । जैसे आपके कर्मचारी और आप अपने व्यक्तिगत काम करने के साथ ही अपने परिवार, दोस्तों, रिश्तेदारों को समय दे सकते हैं, क्योंकि पब्लिक रिलेशन भी जरूरी है । और एक दिन आराम करने से आप और आपके कर्मचारी मानसिक व शारीरिक रूप से रिलैक्स हो सकते हैं ताकि बाकी के छः दिन एनर्जी बनी रहें ।

अक्सर जो व्यापारी सप्ताह में एक दिन का भी अवकाश नहीं रखते उनके कर्मचारियों की प्रोडक्टिविटी उतनी अच्छी नहीं आती, एवं पूरे सप्ताह कर्मचारियों में चिड़चिड़ाहट बनी रहती है । ऐसा भी देखा गया है कि ज्यादातर कर्मचारी ऐसी कंपनी में काम करना पसंद नहीं करते या फिर लंबे समय तक टिक नहीं पाते क्योंकि उनके काम और परिवार के बीच का संतुलन बिगड़ जाता है और सभी जानते हैं कि **"जीवन में संतुलन Work-Life Balance बनाए रखना जरूरी है"** ।

इसलिए कोशिश कीजिए कि साप्ताहिक अवकाश जरूर रखें ।

स्टाफ को हर साल पिकनिक या टूर पर भेजिए

हर साल अपने स्टाफ को पिकनिक या टूर पर जरूर भेजिए और यदि संभव हो तो आप भी साथ जाइए । जिसका फायदा आपके व्यापार और स्टाफ दोनों को होगा, क्योंकि सामान्यतः ऐसा माना जाता है कि इस तरह की ट्रिप या पिकनिक से सकारात्मक परिणाम मिलते हैं, जैसे...

✓ स्टाफ को रिफ्रेशमेंट मिल जाता है ।

- ✓ एक दूसरे से मिलकर उन्हें कुछ नया सीखने व अनुभव शेयर करने का मौका मिलता है।
- ✓ इंटरपर्सनल स्किल, पीपुल हैंडलिंग स्किल एवं कम्युनिकेशन स्किल तीनों निखरती हैं।
- ✓ स्टाफ के साथ आपके संबंध प्रगाढ़ होते हैं।
- ✓ स्टाफ में काम के प्रति गंभीरता और ओनरशिप बढ़ती है।
- ✓ तुलनात्मक रूप से वे लंबे समय तक ऑर्गेनाइजेशन में बने रहते हैं।
- ✓ स्टाफ की नजरों में कंपनी की इमेज अच्छी बनती है।

अक्सर ऐसा देखा गया है कि पिकनिक या टूर में समय बिताने से काफी हद तक एक दूसरे के गिले शिकवे भी दूर हो जाते हैं। जिससे वापस आने के बाद उनमें पहले की अपेक्षा ज्यादा एनर्जी, जोश, उमंग और उत्साह देखने को मिलता है।

टीम में हेल्दी कॉम्पीटिशन बनाए रखें

इस बात पर दो अलग-अलग विचारधाराओं के लोग हो सकते हैं। पहले वे जो यह कहेंगे कि कर्मचारियों में आपस में प्रतिस्पर्धा होनी चाहिए। दूसरे वे जो यह मानते हैं कि यदि टीम को एक साथ काम करना है तो उनके बीच प्रतिस्पर्धा की भावना नहीं होनी चाहिए। परंतु मेरा मानना यह है कि टीम में हेल्दी कॉम्पीटिशन होना उचित है जिसका मतलब है...

- ✓ दूसरों के कार्यों में बाधा डाले बिना स्वयं के कार्यों को पूरा करना।
- ✓ स्वयं की प्रोडक्टिविटी बढ़ाने में ध्यान केन्द्रित करना और गलतियों से सीखकर आगे बढ़ना।
- ✓ दूसरों की तरक्की से ईर्ष्या करने की बजाय अपनी काबिलियत के दम पर चीजें हासिल करना।
- ✓ स्वयं की ग्रोथ के साथ ही दूसरों को भी बेहतर कार्य करने के लिए प्रेरित करना।

इसलिए ऐसी प्रतिस्पर्धा को सकारात्मक रूप में लिया जाना चाहिए ताकि हर कर्मचारी बेहतर परिणाम दे सकें। क्योंकि इसका फायदा अप्रत्यक्ष रूप से आपकी कंपनी को ही होगा और टीम की प्रोडक्टिविटी भी बढ़ेगी, साथ ही आपको कुपात्र और सुपात्र में फर्क भी पता चल जाएगा।

प्रतिस्पर्धा का एक सकारात्मक पहलु यह भी है कि "यह आपको अधिक जागरूक और प्रगतिशील बनाती है क्योंकि प्रतिस्पर्धा ज्येष्ठ बनने की नहीं, बल्कि श्रेष्ठ बनने की होती है"।

जहां मोल भाव होगा, वहां पहले से दाम बढ़ाकर रख सकते हैं

ज्यादातर ग्राहक यही चाहते हैं कि कोई भी प्रोडक्ट या सर्विस उन्हें कम से कम दाम में मिल जाए लेकिन आप बिना मुनाफे का व्यापार करेंगे तो आपको फायदा कैसे होगा। मतलब ग्राहक तो मोलभाव करेंगे ही और हो सकता है कि आपको कुछ डिस्काउंट भी देना पड़े। लेकिन इस बात का भी ध्यान रखना होगा कि, यदि आप ग्राहकों को दाम कम कर के बेचते हैं तो इसमें आपका नुकसान ना हो। भले ही आपको प्रॉफिट थोड़ा कम हो लेकिन बिना प्रॉफिट के व्यापार करना व्यापारिक नियमों के अनुकूल नहीं है।

अतः आप ऐसे प्रोडक्ट या सर्विस की कीमतों को ग्राहकों, मार्केट ट्रेंड व इंडस्ट्री के अनुसार पहले से बढ़ाकर रख सकते हैं ताकि ग्राहकों द्वारा मोलभाव करने की स्थिति में यदि आपको उन्हें डिस्काउंट भी देना पड़े तो आप दें सकें, ताकि ग्राहक वापस ना जाएं।

व्यापार स्वतः नहीं चलता, बल्कि चलाना पड़ता है

जिन लोगों ने पहले व्यापार किया है या किसी करीबी को नजदीक से व्यापार करते हुए देखा है, वे इस बात को भलीभांति जानते हैं कि व्यापार स्वतः नहीं चलता क्योंकि "अपने आप तो सिर्फ हवाएं चलती है, सूरज निकलता है, जिसके लिए किसी को कुछ नहीं करना पड़ता"। पर व्यापार में ऐसा नहीं होता है, क्योंकि व्यापार को चलाने के लिए समर्पित होकर कार्य करना पड़ता है, लगातार कोशिश करनी पड़ती है, याने आपके

प्रयासों के बिना व्यापार में कोई कार्य नहीं होगा । और यदि आप व्यापार से जुड़े सभी कार्यों को बखूबी जानते हैं समर्पित होकर काम करते हैं एवं उसके विस्तार के लिए भी निरंतर प्रयासरत हैं, तो आपका व्यापार जरूर चलेगा ।

"यदि आप वही चीजें करेंगे जो आज तक करते आए हैं तो आपको वही मिलेगा जो आज तक मिलते आया है" इसलिए व्यापार को सफलतापूर्वक चलाने के लिए जिस भी कौशल को सीखने की या योग्यता को बढ़ाने की आवश्यकता होगी तो उन पर भी आपको ध्यान देना है । क्योंकि इतना समय देने, पैसे खर्च करने और एनर्जी लगाने के बाद भी यदि आप असफल हो गए तो आपको सिवाय पश्चाताप के कुछ नहीं मिलेगा ।

लोगों को यह पसंद नहीं होता कि उन्हें कुछ बेचा जाए

अक्सर लोगों को खरीददारी (Shopping) करना बहुत पसंद होता है, पर सामान्यतः वे यह पसंद नहीं करते कि उन्हें कोई चीज बेची जाए । यहां पर कहने का आशय यह है कि यदि उन्हें आप कोई चीज बेचने की कोशिश करेंगे तो हो सकता है कि उसे खरीदने में वे दिलचस्पी ना दिखाएं । लेकिन इसका मतलब यह नहीं है कि उन्हें खरीददारी पसंद नहीं है बल्कि खरीददारी तो लगभग सभी को पसंद होती है...।

एक मनोवैज्ञानिक सच यह भी है कि लोगों से उनकी मर्जी के बिना कोई काम करवाना थोड़ा मुश्किल, चुनौती भरा एवं उबाऊ होता है । अतः आप भी संभावित ग्राहकों के लिए कुछ ऐसा करें कि वे अपनी मर्जी से ही आपके प्रोडक्ट को खरीदने आएं और आपको बहुत प्रयास करने की जरूरत ना पड़े । इसके लिए आप कुछ नए, आकर्षक और लुभावने ऑफर आदि डिजाईन कर सकते हैं ।

केक को ऐसे बांटना जहां सभी को लगे कि उसे ही सबसे बड़ा टुकड़ा मिला है

यदि आप सफल व्यापारी बनने की चाह रखते हैं तो आपको इस कला को भी सीखना चाहिए कि **"आप किसी केक को इस तरह बांटने की कला में निपुण हो जाए जिसमें सभी को यह लगे कि सबसे बड़ा टुकड़ा उसी के हिस्से में आया है"**। अगर आप इस कला में पारंगत हो गए तो समझ लीजिए कि आप एक सफल व्यापारी बन चुके हैं इस कला को सीखने के लिए आपको थोड़ी मेहनत तो करनी होगी । जिसमें आपको लोगों की मानसिकता को समझना होगा, उम्र, त्यौहार, सीजन, उत्सव और ट्रेंड के साथ-साथ उनकी पसंद और नापसंद के अनुसार उन्हें प्रोडक्ट दिखाएं तभी आप ग्राहकों को संतुष्ट कर सकेंगे ।

साथ ही ग्राहकों, कर्मचारियों और सप्लायर के साथ डील करते समय आपकी व्यवहार कुशलता, विनम्रता और खुशमिज़ाजी ना सिर्फ आपकी कमियां ढक देगी बल्कि वे दोबारा भी आपसे डील करना पसंद करेंगे जो कि व्यापारिक दृष्टिकोण से आपकी उपलब्धि कहलाएगी ।

व्यावसायिक रवैया (Professional Attitude) बनाएं रखें

यदि आपने अभी तक कोई व्यवसाय नहीं किया है, तो हो सकता है कि आप हर जगह अपना व्यक्तिगत रवैया अपनाते रहे हों । चूँकि अब आप एक व्यवसायी बन चुके हैं इसलिए आपको व्यावसायिक रवैया अपनाने की जरूरत पड़ेगी । याने कि आप प्रोफेशनल हो चुके हैं और प्रोफेशनल व्यक्ति को हमेशा प्रोफेशनल एटीट्यूड ही रखना चाहिए, अतः आपको अब पहले से ज्यादा जिम्मेदार और जवाबदार होने की जरुरत पड़ेगी ।

आपकी बातों, हरकतों, उठने-बैठने, खाने-पीने के तरीकों एवं कार्यों से व्यक्तिगत रवैये की झलक नहीं दिखनी चाहिए बल्कि लोगों को यह लगना चाहिए कि आप अपने कार्यस्थल पर व्यावसायिक रवैया (Professional Attitude) बनाए रखते हैं । जब आप प्रोफेशनल ऐटीट्युड रखते हुए काम करते है तो ना सिर्फ आपको अपने व्यक्तिगत रवैये में बदलाव लाना है बल्कि

अपना फोकस भी योगदान (Contribution) पर रखना होगा क्योंकि "**यदि आपका ध्यान कॉन्ट्रिब्यूशन से रिवॉर्ड पर शिफ्ट हुआ तो समझ लीजिए कि आपकी ग्रोथ भी यू टर्न ले लेगी**" ।

रोज कुछ ना कुछ जरुर सीखिए

रोज कुछ ना कुछ नया सीखने से आपको यह फायदा होगा कि हर दिन आप अपना ही अपग्रेडेड वर्जन तैयार करते चले जाएंगे... चूँकि आपका मुकाबला अब किसी दूसरे व्यक्ति से नहीं बल्कि स्वयं से है, और वैसे भी यह "**दुनिया एक दिन में नहीं बनी इसलिए आप भी रोज छोटे-छोटे लक्ष्य बनाइए और उनको पूरा करते जाइए**", फलस्वरूप आप रोज और ज्यादा निखरते एवं पॉलिश होते जाएंगे ।

"डॉ. उज्जवल पाटनी" कहते हैं कि "If you are not upgrading, you are degrading" । याने यदि आप बेहतर नहीं हो रहे हैं, तो आप बद्तर होते जा रहे हैं । अतः आपको रोज कुछ ना कुछ नया जरूर सीखना चाहिए जिससे आपको अनेक फायदे होंगे, इसका सबसे बड़ा फायदा यह है कि आप जमाने के साथ नहीं बल्कि जमाने से आगे चल सकेंगे और कोई भी आपको पिछड़ा नहीं कहेगा । आपके व्यापार की गाड़ी कहीं नहीं अटकेगी और आप लोगों का मार्गदर्शन भी कर सकते हैं ।

बैंकिंग की बारीकियां सीखिए

वैसे तो बैंकिंग की बारीकियों को सीखना व समझना सभी के लिए फायदेमंद है । परंतु व्यापार में इसकी अहमियत और बढ़ जाती है । जिसमें किसी भी व्यापारी के लिए बैंकिंग से जुड़े सभी निर्णय एवं महत्वपूर्ण कार्यों को स्वयं के नियंत्रण में रखना जरूरी हो जाता है, क्योंकि इसे कभी भी पूर्णतः स्टाफ के भरोसे नहीं छोड़ा जा सकता और जब तक आपकी कंपनी बड़ी ना हो जाए आप स्वयं ही बैंकिंग से जुड़े सभी कार्यों को संभालें तो बेहतर होगा । फिर

जब व्यापार विस्तार होने लगे तब आप किसी अनुभवी व विश्वासपात्र एम्प्लोयी को अकाउंट हेड नियुक्त कर सकते हैं । जो बैंक से संबंधित जानकारियों से आपकी कंपनी को फायदा दिलवा सकें, क्योंकि यदि आप बैंकिंग की बारीकियां सीख जाते हैं तो...

- ✓ अपनी मेहनत की कमाई बचा सकते हैं ।
- ✓ लीकेज रोक सकते हैं ।
- ✓ ब्याज (Interest) बचा सकते हैं ।
- ✓ लेट पेमेंट फीस या पेनाल्टी आदि से बच सकते हैं ।
- ✓ अतिरिक्त शुल्क जैसे दर्जनों तरह के शुल्क भी बचा सकते हैं ।

अगर आपने बैंकिंग की बारीकियों को सीखकर बैंक से फायदा नहीं लिया तब भी बैंक तो आपसे फायदे ले ही लेगा, जिसमें नुकसान आपका ही होगा ।

वेंडर्स, डिस्ट्रीब्यूटर्स व सप्लायर्स को समय पर पेमेंट दें

यदि आप स्वयं का व्यापार शुरू करने का सोच रहे हैं, तो निःसंदेह किसी प्रोडक्ट या सर्विस के बारे में ही सोच रहे होंगे... । याने कोई प्रोडक्ट मार्केट से खरीदकर कस्टमर को बेचेंगे या फिर क्लाइंट को सर्विस देंगे, और दोनों ही स्थिति में आपको मटेरियल के लिए वेंडर्स, सप्लायर्स और डिस्ट्रीब्यूटर्स की जरूरत पड़ेगी ।

अतः इस बात का भी ध्यान रखना होगा कि आप उन्हें समय पर पेमेंट दें, ताकि आने वाले दिनों में जैसे ही आपका व्यापार बढ़ने लगे तो वेंडर्स, सप्लायर्स और डिस्ट्रीब्यूटर्स आपसे डील करने में आना-कानी ना करें और कतराए भी नहीं । आपको समय पर डिलीवरी दें, ताकि मार्केट में लेन-देन के मामले में आपकी इमेज अच्छी बनी रहे और फिर आपको उसी मार्केट में लंबे समय तक व्यापार भी करना है । इसका एक और फायदा यह है कि कोई नया व्यक्ति आपसे डील करने में भी नहीं हिचकिचाएगा क्योंकि आपका पैसों से संबंधित व्यवहार अच्छा है, और किसी भी सफल व्यापारी के लिए यह एक प्रतिष्ठा का बिंदु होता है ।

छोटे खर्चों से सतर्क रहें क्योंकि एक छोटा सुराख़ भी जहाज को डुबा सकता है

अक्सर आपने देखा होगा कि बड़े व्यापारी भी सभी छोटे-बड़े खर्चों का हिसाब रखते हैं । यह देखकर आपको आश्चर्य भी हो सकता है कि इतने बड़े व्यापारी होकर इतने छोटे खर्चों को इतना महत्व क्यों देते हैं या फिर इतने कम पैसों के लिए माथापच्ची क्यों करते हैं ।

समझने वाली बात यह है कि व्यापार में आपको छोटे-छोटे खर्चों से हमेशा सतर्क रहना होगा, **"क्योंकि एक छोटा सा सुराख भी जहाज को डुबा सकता है"** । अब आप भी व्यापार में हर छोटे-बड़े खर्चों का हिसाब लिखकर रखिए और महीने के अंत में उन सभी खर्चों का रिव्यु कीजिए । ताकि आपको यह पता चल सके कि कौन-कौन से खर्च जरूरी थे और कौन-कौन से गैर जरूरी । जिससे आप गैर जरुरी खर्चों को नियंत्रित कर सकें ।

नई गलती कीजिए लेकिन दोहराइए मत

जो व्यक्ति इस दुनिया में आया है वह हर चीज पहले से सीखकर नहीं आया है, याने जो भी सीखेगा यहीं सीखेगा इसलिए गलतियां तो होगी । जैसे जब हम बचपन में खड़े होना, दौड़ना या साइकिल चलाना सीखते थे तो कई बार गिरते-उठते और संभलते भी थे, उसी प्रकार व्यापार में भी आपसे कुछ गलतियां हो सकती हैं लेकिन **"सवाल गलतियों का नहीं है, बल्कि उनके दोहराव का है"** ।

अतः बेहतर होगा कि किसी भी गलती को आप दोहराने से बचें, याने एक बार गलती करने पर उसे इस तरह सुधार लें कि वो आपसे दोबारा ना हो, बेशक आप कोई दूसरी गलती कर सकते हैं । **"क्योंकि एक बार गलती को गलती और बार-बार गलती को आदत कहते है"** ।

सभी की जिम्मेदारी अलग रखें अन्यथा कोई भी जिम्मेदार नहीं रहेगा

जिम्मेदारी एक ऐसा शब्द है जिसके बारे में कहा जाता है कि **"जिम्मेदारी देने की चीज नहीं, बल्कि लेने की चीज है"**, यह वैसे ही है जैसे कि **"प्यार देने की चीज है लेने की नहीं"** । और यदि सभी की जिम्मेदारी एक ही कर दी जाए जैसे बिक्री करना, खरीदी करना, उधारी वसूलना, स्टॉक मेन्टेन करना, एकाउंटिंग, बैंकिंग व ग्राहकों के साथ डील करना आदि...**तो ऐसे में कोई भी कर्मचारी जिम्मेदार नहीं रहेगा।**

अतः हर कर्मचारी की जिम्मेदारी अलग रखें ताकि आप समझ सकें कि कौन-कौन से कर्मचारी अपनी जिम्मेदरियों को अच्छे से निभा रहें है और कौन से कर्मचारी गैर जिम्मेदार हैं । जिससे आप योग्य और अयोग्य में फर्क भी कर सकेंगे, साथ ही जिम्मेदार कर्मचारियों की आप सराहना कर सकते हैं एवं गैर जिम्मेदार कर्मचारियों को सचेत कर उन्हें जिम्मेदारी से कार्य करने के लिए प्रोत्साहित कर सकते हैं ।

खाने में एक बार कंकड़ आ जाए तो खाना नहीं छोड़ते

व्यापारी को कड़वे अनुभवों का सामना भी करना पड़ सकता है क्योंकि अक्सर व्यापार में आपको ऐसे लोग मिलेंगे जिनसे आप जो भी उम्मीदें करेंगे, जरूरी नहीं कि वे पूरी हो । बल्कि ऐसे लोगों से आपको धोखा मिल सकता है या आपका नुकसान भी हो सकता है, लेकिन आप भयभीत होकर या हिम्मत हारकर व्यापार को बीच में मत छोड़िए, बल्कि ऐसी परिस्थिति में आने वाली परेशानियों को चुनौती के रूप में स्वीकार कीजिए ।

क्योंकि एक कहावत है **"सर कुचलने का फन भी सीखिए हुजूर, सांपो के डर से जंगल नहीं छोड़ा करते"** । याने व्यापार में कठिनाईयां और बाधाएं

तो आएगी ही, आप उनका सामना करें और आगे बढ़ जाएं, क्योंकि वही व्यापारी सफल होते हैं जो अंत तक मैदान नहीं छोड़ते ।

'जोखिम' व्यापार का हिस्सा है

व्यापार है तो जोखिम भी रहेगा और जोखिम है इसलिए व्यापार है, क्योंकि जोखिम और व्यापार दोनों साथ-साथ चलते हैं । यदि आप व्यापारी है तो आपको जोखिम (Risk) उठाना तो आना ही चाहिए, तभी आप व्यापार में सफलता अर्जित करके ज्यादा पैसे कमा सकते हैं । अतः जोखिम से घबराएं नहीं बल्कि जोखिम उठाएं और उसका डटकर सामना करें ।

अक्सर लोग जल्दी हार मान लेते हैं और अपने व्यापार को बीच में ही छोड़ देते हैं । लेकिन आप ऐसा ना करें क्योंकि धीरे-धीरे ही सही आपको सही रास्ते मिलते चले जाएंगे और उसके बाद आप उन **"समस्याओं का समाधान"** भी निकाल लेंगे, क्योंकि **"90% लोग जल्दी हार मान लेते हैं और वे उन्हीं 10% लोगों के लिए काम करते हैं, जो कभी हार नहीं मानते"** । अतः आप भी हार ना माने और जोखिम से कभी ना घबराएं बल्कि जोखिम को व्यापार का हिस्सा मानकर चलें ।

यदि आप सुनने को तैयार हैं, तो लोग आपको जरुर बताएंगे कि वे क्या चाहते हैं

ज्यादातर लोग आपसे क्या चाहते हैं वे आपको बताने की कोशिश तो करते हैं लेकिन मानव स्वभाव ही ऐसा है कि दस में से आठ लोग खुलकर नहीं बता पाते या संकोचवश अपनी बात नहीं रख पाते । लेकिन यदि आप व्यापारी हैं तो आपको अपने ग्राहकों की बातों को बड़ी गंभीरता से सुनना और समझना होगा । ताकि आप उनकी बातों के पीछे छुपे उद्देश्य और आशय को समझ पाएं।

अगर आप व्यापार से संबंधित लोगों की बातें ध्यान से सुनने के लिए तैयार हैं तो वे आपको शब्दों में ना सही लेकिन इशारों में या फिर बातों-बातों में संकेत दे ही देते हैं कि वास्तव में वे आपसे क्या चाहते हैं । कई बार उनकी बॉडी लैंग्वेज भी बता देती है । अतः आपसे जुड़े हुए सभी लोग, जैसे स्टाफ, टीम मेंबर, वेंडर, सप्लायर, डिस्ट्रीब्यूटर और ग्राहकों की बातें ध्यान से सुने ताकि आप उनकी बातों के पीछे का उद्देश्य समझ सकें ।

सभी काम को एक साथ करने का बेहतर तरीका है कि उन्हें एक-एक करके करें

व्यापारियों के पास हर दिन बहुत से काम होते हैं जिन्हें समय पर पूरा करना जरूरी भी होता है । क्योंकि व्यापार में किसी भी काम को ना ही लेट किया जा सकता है और ना ही टाला जा सकता है । लेकिन समझने वाली बात यह है कि यदि हम सभी कामों को एक साथ पूरा करने की कोशिश करेंगे, तो कोई भी काम पूरे नहीं हो पाएंगे और यदि काम पूरे हो भी गए तो हो सकता है कि सही ढंग से ना हो ।

इस संदर्भ में अनुभवी लोगों की सलाह है कि "सभी काम को एक साथ करने का बेहतर तरीका यह है कि आप हर काम को एक-एक कर के अंजाम दें" । ताकि आपके सभी काम बेहतरीन तरीके से समय पर हो जाएं और गलतियां भी ना हो । किसी ने सही कहा है कि "सारी समस्याओं को एक साथ सुलझाने की कोशिश ना करें, उन्हें एक के बाद एक कतार में लगा लें" ।

साधारण तरीकों से आप सफल व्यापारी नहीं बन सकते

साधारण तरीकों से आप साधारण व्यापारी तो बन सकते हैं लेकिन सफल व्यापारी बनने के लिए आपको सफल तरीके अपनाने होंगे । क्योंकि यदि आप चाहते हैं कि आपकी गिनती देश या विश्व के सफल व्यापारियों में हो तो आपको उसी तरह से सोचना और कार्य करना होगा जिस तरह सफल व्यापारी करते हैं । क्योंकि **"कोई भी व्यक्ति या ऑर्गेनाइजेशन जब नंबर वन होता है, तो वह हर मामलों में दस में से दस होता है"** ।

इसमें विचार करने वाली बात यह है कि जब भी आप कही अटक जाएं और आपको आगे का रास्ता नजर ना आए, तब आप सिर्फ यह सोचें कि आपकी जगह यदि सफल व्यापारी होते तो ऐसी परिस्थिति में वे क्या निर्णय लेते ? जैसे ही आप ऐसा सोचेंगे तुरंत ही आपका दिमाग सटीक जवाब देगा और आप समझ जाएंगे कि क्या निर्णय लेना है ।

यदि आप नुकसान से सीखते हैं तो नुकसान हुआ ही नहीं

जगजीत सिंह की गज़ल में एक लाइन है **"क्यों डरें जिंदगी में क्या होगा, कुछ नही होगा तो तजुर्बा होगा"** याने नुकसान हो या हार **'सबक'** तो दे ही जाता है । क्योंकि जरुरी नहीं है कि हर बार व्यापार में फायदा ही हो, कई बार कुछ कारणों से नुकसान भी हो सकते हैं, जैसे...

- ✓ कार्य का अनुभव ना होना ।
- ✓ सही तरीकों की जानकारी ना होना ।
- ✓ पीपुल हैंडलिंग स्किल की कमी ।
- ✓ पैसे व समय का उचित इस्तेमाल ना कर पाना ।
- ✓ सतर्कतापूर्बक कार्य नहीं करना ।

✓ असमंजस, अनिर्णय या अनदेखी।

अतः यह मानकर चलें कि व्यापार की शुरुआत में आपको भी झटके लग सकते हैं, लेकिन उन्हें आप सफलता के पहले के झटकों के रूप में स्वीकार करें एवं उनसे सीखकर आगे बढ़ें, क्योंकि **"जो सबक नुकसान सिखाता है वह सबक कोई स्कूल या कॉलेज नहीं सीखा पाता"**।

एक गलती और व्यापारी की साख खत्म

भले ही आप रोज कितने भी नेक काम करते हुए लोगों के दिलों में अपनी जगह बना लें या फिर लोगों से अच्छे रिश्ते निभाते हुए उनकी **'गुड बुक'** (**दूसरों की नजर में सकारात्मक छबि**) में आने के लिए दिन-रात प्रयास करते रहें। फिर भी **"दुनिया आपकी एक गलती का इंतजार कर रही है"** और यदि आपसे एक गलती हुई तो आपके द्वारा किए गए सैकड़ों अच्छे कार्यों को लोग भूल जाएंगे और सिर्फ आपकी उस गलती को ही याद रखेंगे।

यहां पर हम उन छोटी-मोटी गलतियों के बारे में बात नहीं कर रहे हैं जो आमतौर पर रोजाना हम से जाने अनजाने में हो जाती हैं। लेकिन यदि आपसे एक बड़ी गलती हो गई और आप नामचीन व्यापारी हैं तो ऐसा हो सकता है कि आपका नाम और रुतबा सब कुछ एक झटके में ही खत्म हो जाए।

अतः व्यापारी को अपनी साख बनाए रखने के लिए हमेशा फूंक-फूंक कर कदम रखना होगा एवं कोशिश कीजिए कि आपसे कोई बड़ी गलती ना हो जिसका विपरीत प्रभाव आपके व्यापार पर पड़े।

प्रतिवर्ष 'नॉलेज बजट' जरुर रखिए

यह भी एक सच्चाई है कि यदि आप बेहतर नहीं हो रहे हैं तो अपने आप बद्तर होते जा रहे हैं । इसलिए कर्मचारियों और स्वयं के लिए हर साल **"नॉलेज बजट"** जरुर रखिए जिसका इस्तेमाल आप अपने ऑर्गेनाइजेशन की तरक्की के लिए कर सकते हैं । यदि आप एक प्रगतिशील व्यापारी हैं और आपका उद्देश्य भी अपने कर्मचारियों को बेहतर बनाकर उनकी प्रोडक्टिविटी बढ़ाना है तो आपको कुछ बदलाव करने होंगे, जैसे...

- ✓ अच्छी किताबें पढ़ने के साथ-साथ आपको कुछ सेमिनार एवं वर्कशॉप आदि अटेंड करना पड़ सकता है ।
- ✓ आप चाहें तो एक निश्चित अंतराल में किसी प्रोफेशनल ट्रेनर या कोच से ट्रेनिंग इत्यादि करवा सकते हैं ।
- ✓ स्टाफ और स्वयं के लिए ट्रेनिंग प्रोग्राम्स भी डिजाइन कर सकते हैं ।
- ✓ स्टाफ के बीच प्रतिस्पर्धा रख सकते हैं, जिसमें योग्य कर्मचारियों के लिए पुरस्कार आदि शामिल हो ।

ताकि वे बीते हुए कल से आने वाले कल में बेहतर होने के साथ ही और ज्यादा निखरते चले जाएं । कहते हैं कि **"यदि आप स्वयं से ज्यादा प्रतिभाशाली, काबिल और योग्य लोगों के साथ रहते या काम करते हैं तो आप भी धीरे-धीरे उनके जैसे ही बनते चले जाते हैं"** ।

व्यापार रुचि का हो तो जीवन भर काम नहीं करना पड़ेगा

आप ऐसा व्यापार चुनिए जो आपकी रूचि से संबंधित हो फिर आपको कभी नहीं लगेगा कि आप काम कर रहे हैं । क्योंकि जो काम आपकी पसंद का होगा उसे आप एक या दो घंटे की बजाय लगातार आठ या दस घंटे भी करते हैं तब भी आपको थकान महसूस नहीं होगी, बल्कि आपको यह लगेगा कि आप तो अपने शौक पूरे कर रहें हैं । लेकिन जो काम आपकी पसंद का नहीं होगा उसे करने में आपको बहुत जल्दी बोरियत महसूस होने लगेगी ।

इसलिए बेहतर होगा कि आप कोई ऐसा काम चुनें जो आपकी रुचि का हो । जैसे कुछ सिखाना, बेचना, सर्विस देना इत्यादि । इन सबके अलावा आप किसी कला (Art) से संबंधित या फिर सॉफ्टवेयर या हार्डवेयर से जुड़े व्यापार भी कर सकते हैं ।

सीधे को सीधा और टेढ़े को टेढ़ा

व्यापार में आपको दो तरह के लोग मिलेंगे, सीधे भी और टेढ़े भी । सभी जानते हैं कि सीधे और टेढ़े लोग कैसे होते हैं, लेकिन हमारे लिए यह समझना अक्सर मुश्किल हो जाता है कि ऐसे लोगों को कैसे हैंडल करें, इस बारे में मेरा व्यक्तिगत रूप से यह मानना है कि सीधे को सीधे तरीके से हैंडल करना बेहतर है । क्योंकि यदि आपने सीधे व्यक्ति को टेढ़े तरीके से हैंडल किया तो हो सकता है कि वो आपसे दूर हो जाए या आपको छोड़ दे । यदि आप टेढ़े व्यक्ति को सीधे तरीके से हैंडल करेंगे तो हो सकता है कि वह आपकी बात ना माने या आपके साथ सामंजस्य बैठाने की कोशिश ही ना करें।

अतः टेढ़े व्यक्ति को टेढ़े और सीधे व्यक्ति को सीधे तरीके से हैंडल करना एक बेहतर विकल्प है ताकि दोनों तरह के लोग आपके व्यापार से जुड़े रहें,

जिसमें "आपको उनमें कोई बदलाव नहीं करना है बस उन्हें उचित तरीके से हैंडल करना है"।

उन ग्राहकों को मत खोना जो बिना मोलभाव किए समय पर पैसे देते हैं

कुछ ग्राहक ऐसे भी होते हैं जिन्हें ना ही आपसे कोई शिकायत होती है और ना ही वे मोलभाव करते हैं इसके साथ ही वे समय पर पैसे भी देते हैं। मतलब वे आपके सबसे अच्छे ग्राहक हैं, अतः ऐसे ग्राहकों को संभालकर रखिए।

ये ऐसे ग्राहक हैं जो आपका समय, पैसा और एनर्जी तीनों बचाते हैं, इनसे आपको ज्यादा मुनाफा मिलता है एवं इनसे डील करने में आपको मेहनत भी कम लगती है। साथ ही पैसे डूबने की आशंका ना के बराबर होती है और अधिकांशतः ऐसे ग्राहक आपके व्यापार में चार चांद लगाते हैं इसलिए उन्हें महत्त्व और सम्मान देते रहें। परंतु किसी कारणवश ऐसे ग्राहकों का आना यदि बंद हो जाए, तो आप उनसे अविलंब संपर्क करें एवं वजह जानकर उनकी समस्या का समाधान तुरंत करें, ताकि वे पुनः जुड़कर आपके व्यापार का हिस्सा बने रहें।

जो समय पर काम ना कर पाए, उनकी सफलता पर संशय ही रहेगा

काम टालना इस दुनिया की सबसे बड़ी समस्याओं में से एक है, और यह सभी समस्याओं की जड़ भी है। **"हम सभी लोग यह जानते हैं कि काम टालने से सफलता टलती है"** तो क्यों ना इसी वक़्त से काम टालना बंद कर दें। क्योंकि यदि हमने काम टालना बंद नहीं किया तो ना जाने कितनी परेशानियों का शिकार हो सकते हैं।

सबसे पहले तो सेहत, लेनदेन का व्यवहार और रिश्ते खराब होंगे, और तो और हर चीज में आप पिछड़ते चले जाएंगे जैसे एजुकेशन में, व्यापार शुरू करने में, खरीदी और बिक्री में एवं पर्सनल लाइफ में भी जैसे शादी, फॅमिली प्लानिंग, सेविंग्स, इन्वेस्टमेंट, इन्शुरेंस, प्रॉपर्टी (घर/ऑफिस/दुकान/फैक्ट्री) इत्यादि खरीदने में लेट हो सकते हैं, और इनमें से किसी भी चीज को टालने से कोई फायदा नहीं होगा, बल्कि दर्जनों नुकसान ही होंगे ।

व्यापार में आप सम्मिलित हैं या समर्पित

व्यापार में आप सिर्फ सम्मिलित हैं तो आपका व्यापार चलेगा या नहीं ये तो वक़्त ही बता पाएगा । लेकिन यदि आप अपने व्यापार को सफलतापूर्वक चलाना चाहते हैं तो आपको समर्पित होना ही पड़ेगा । **"समर्पण याने स्वयं को किसी कार्य में पूरी तरह सौंप देना"** याने हर दिन कई सालों तक उस व्यापार के अलावा आपको बाकी कुछ भी दिखाई नहीं देना चाहिए । याने रोजाना अपने व्यापार को एक निश्चित समय देना आपकी पहली प्राथमिकता होनी चाहिए ।

व्यापार के हर एक पहलू, उतार चढ़ाव, फायदे और नुकसान की जड़ में जाकर उन्हें समझना होगा । सभी डिपार्टमेंट में आपकी पकड़ होनी चाहिए । शुरुआत में अपने व्यापार को हर दिन बारह से ज्यादा घंटे भी देने पड़ सकते हैं और अनेक चुनौतियों का सामना भी करना पड़ सकता है । अतः सही दिशा में मेहनत करते हुए पूरी तरह से स्वयं को अपने व्यापार में सौंप देंगे तब जाकर आप सफलता का स्वाद चख पाएंगे, क्योंकि सिर्फ सम्मिलित होने से कुछ नहीं होगा ।

प्रोडक्ट में सुधार करते रहें, लेकिन प्रोडक्ट बिकता है तो कुछ मत बदलिए

यदि आपकी कंपनी किसी प्रोडक्ट का निर्माण करती है एवं ग्राहक भी आपसे लगातार जुड़े हुए हैं और उस प्रोडक्ट से संतुष्ट हैं तो फिर आप उसमें कुछ भी परिवर्तन ना करें तो बेहतर होगा । क्योंकि एक कहावत है, **"यदि प्रोडक्ट बिकता है तो कुछ मत बदलिए"** क्योंकि हो सकता है आपका एक छोटा सा परिवर्तन उस प्रोडक्ट की बिक्री को कम कर दे । जैसा कि आप मार्केट में बिकने वाले प्रोडक्ट से सीख सकते हैं जिसमें, पारले जी, निरमा, डालडा, सर्फ, रिन आदि कुछ ऐसे प्रोडक्ट्स हैं जिनकी बिक्री बहुत अच्छी है । शायद इसलिए उन्होंने प्रोडक्ट की पैकिंग, अक्षरों की बनावट और कलर आदि में पिछले पचास साठ सालों में कोई **'बड़े बदलाव'** नहीं किए हैं ।

हाँ लेकिन आपका प्रोडक्ट यदि कम बिकता है तो प्रोडक्ट में लगातार सुधार करते रहिए, अन्यथा आपका प्रोडक्ट पिछड़ जाएगा या दूसरी कंपनी के प्रोडक्ट उस प्रोडक्ट की जगह ले सकते हैं ।

MCD Principle

व्यापार में सभी कार्यों को समय पर पूरा करना होता है क्योंकि अधिकांश कार्यों को ना ही छोड़ा जा सकता है और ना ही टाला जा सकता है, तो ऐसा क्या करें कि सभी महत्वपूर्ण कार्य समय पर पूरे हो जाएं । अतः इन कार्यों को तीन वर्गों में बांटकर उन्हें पूरा करने के तरीके को समझते हैं, जो "MCD Principle" है । याने दैनिक कार्यों को प्राथमिकता के आधार पर क्रमबद्ध करने का सही तरीका, जैसे...

"MUST DO" वे काम जिन्हें स्वयं करना है याने आपको ऐसे कार्यों की लिस्ट बनानी है जिन्हें आप स्वयं ही अंजाम देंगे क्योंकि वे बहुत जरुरी हैं और लिस्ट के अनुसार उन सभी कार्यों को उसी दिन पूरा करना है ।

"CAN DO" वे सभी कार्य जो MUST DO वाले कार्यों के बाद आप समय बचने पर कर सकते हैं, क्योंकि वे कार्य अपेक्षाकृत उस दिन के लिए उतने जरूरी नहीं है, लेकिन आप उन कार्यों की लिस्ट बनाकर जरुर रख लें ।

"DON'T DO" वे काम जिन्हें आप अपने अधीनस्थ कर्मचारियों से करवा सकते हैं, क्योंकि इन कार्यों का महत्व तुलनात्मक रूप से कम होता है और यदि आप नहीं भी करेंगे तब भी काम चल जाएगा ।

प्रतिस्पर्धा से ज्यादा 'स्वयं' को समय देना है

अधिकतर लोग आपको ऐसे मिलेंगे जो स्वयं क्या कर रहें हैं इससे ज्यादा उन्हें दूसरे क्या कर रहे हैं इसमें रूचि होती है और वे स्वयं पर अपेक्षाकृत कम ध्यान देते हैं या बिल्कुल नहीं । ये दूसरे लोग कोई भी हो सकते हैं, जैसे कि घरवाले, पड़ोसी, रिश्तेदार, मित्र या प्रतिस्पर्धी । कहने का आशय यह नहीं है कि आप दूसरों के बारे में जानकारी ना रखें या उन पर ध्यान देना छोड़ दें । बल्कि आप उन पर ध्यान जरुर दें **"क्योंकि क्रिकेट की तरह जीवन में भी जीतने के लिए ना सिर्फ ज्यादा रन बनाने होते हैं, बल्कि कई बार सामने वाले को जल्दी आउट भी करना होता हैं"** ।

अतः प्रतिस्पर्धियों पर नजर तो रखनी ही होगी । लेकिन इससे कहीं ज्यादा आपको स्वयं पर ध्यान देना होगा और सही संगति रखना होगा, क्योंकि **"आप उन पाँच लोगों का एवरेज हैं जिनके साथ आप सबसे ज्यादा समय बिताते हैं"**, साथ ही आपको **"बीते हुए कल से आने वाले कल को बेहतर भी बनाना है"** इसलिए आपको स्वयं की ग्रोथ पर अधिकतम समय देना होगा । हाँ कुछ समय लोगों के लिए भी रखिए व उनसे रिश्ते भी रखिए क्योंकि रिलेशनशिप भी जरुरी है, लेकिन आपके द्वारा उन्हें दिया जाने वाला समय पूर्व निर्धारित हो ।

फैल होने का डर हटा दें

यदि आप फैल होने के डर के साथ व्यापार शुरू करते हैं तो हो सकता है कि आपके फैल होने की आशंका बढ़ जाए । जैसे अगर आप **"गिरने के डर से साइकिल नहीं चलाते हैं तो हो सकता है कि आप कभी साइकिल चलाना सीख ही ना पाएं या डूबने के डर से पानी में नहीं उतरते हैं तो कभी तैरना भी ना सीख पाएं"** ।

क्योंकि जब छोटा बच्चा चलना सीखता है तब वह दर्जनों बार गिरता है उसे चोट भी लगती है परंतु गिरने या चोट लगने के डर से वह चलना नहीं छोड़ता बल्कि वह पूरी उम्मीद के साथ बार-बार कोशिश करता रहता है । अतः आप भी कैलकुलेटेड रिस्क के साथ लगातार प्रयास करते रहें एवं प्रोएक्टिव अप्रोच रखें । जिससे नुकसान कम या बिल्कुल ना हो, और अपने भीतर से फैल होने के डर को भी हटा दीजिए क्योंकि कुदरत के नियम के अनुसार आपको पहले असफलता हाथ लगेगी जिससे घबराने या डरने की जरुरत नहीं है । क्योंकि **"असफलता ही सफलता की पहली सीढ़ी है"** ।

व्यापार में प्रीव्यू और रिव्यू दोनों ही कमाल के परिणाम देते हैं

किसी भी काम को शुरू करने से पहले उसकी पूरी रूपरेखा बना लेना हमेशा बेहतर होता है। अतः पहले ही पूरी योजना बना लीजिए एवं सभी पहलुओं को समझने के बाद ही शुरुआत कीजिए, ताकि बाद में आपको यह ना लगे कि इसके बारे में आप पहले क्यों नहीं सोच पाए, इसे **'प्रीव्यू'** कहते हैं।

क्योंकि **"एक बार आपके व्यापार की गाड़ी स्टार्ट हो गई तो फिर बीच में नहीं रुकना चाहिए"**।

इसी तरह **'रिव्यू'** भी बहुत काम का होता है, जैसे आप अपने कर्मचारियों, टीम या स्वयं के कार्यों का रिव्यू करते हैं जो दैनिक, साप्ताहिक या मासिक भी हो सकता है ताकि आप यह समझ सकें कि आपने कौन-कौन से काम सही किए हैं और कहां-कहां गलतियां हुई है। क्योंकि जो काम सही हुए हैं उनकी वजह जानकर आप उन्हें मेंटेन कर सकते हैं और गलतियों की वजह जानकर उन्हें दोबारा होने से बचा सकते हैं।

नया व्यापार 'न्यू बोर्न बेबी' की तरह होता है

जब कोई बच्चा पैदा होता है तो उसकी माँ को चौबीसों घंटे उस बच्चे की परवाह और देखरेख करनी पड़ती है। उसकी सेवा करते हुए उसका इस तरह से ध्यान रखना पड़ता है ताकि उसे भूख, प्यास, नींद, सुरक्षा और सुविधा से संबंधित किसी भी तरह की कोई परेशानी ना हो। उसी प्रकार व्यापार भी शुरुआत में 'न्यू बोर्न बेबी' की तरह ही होता है।

यदि आप कोई नया व्यापार शुरू कर रहे हैं तो आपको भी उस नए व्यापार के लिए समय, एनर्जी और पैसा लगाना होगा और यह सिलसिला तब तक चलता रहेगा जब तक कि वह व्यापार उस बच्चे की तरह स्वयं के पैरों पर खड़ा ना हो जाए।

व्यापार में फूंक-फूंक कर कदम रखना है
लेकिन जल्दी-जल्दी

व्यापार में उठाया गया हर कदम महत्वपूर्ण होता है, याने आपका एक कदम आपको बना भी सकता है और बिगाड़ भी सकता है । इसलिए कहते हैं कि व्यापार में आपको हर कदम फूंक-फूंक कर रखना है लेकिन जल्दी-जल्दी । कहने का तात्पर्य यह है कि आपको काम बिगाड़ना नहीं है बल्कि प्रोएक्टिव अप्रोच के साथ पहला कदम जमाना है...उसके बाद ही दूसरा कदम उठाना है ।

मतलब आपको स्टेप बाय स्टेप ही आगे बढ़ना है, याने सोच समझकर तो कदम रखना ही है लेकिन धीरे-धीरे नहीं बल्कि निर्धारित समय सीमा में । क्योंकि यदि आप लेट हो गए तो कोई दूसरा बाज़ी मार लेगा । इसलिए आपको समय का भी ध्यान रखना होगा एवं व्यापार के हित में निरंतर सही निर्णय व कदम उठाने होंगे ।

व्यापार से आपकी शादी हो चुकी है और तीन वर्षों का हनीमून है

अभी-अभी आपकी शादी इस व्यापार से हुई है तो आप मान सकते हैं कि अगले तीन वर्षों तक आप हनीमून पर हैं । याने कि आपने कोई नया व्यापार चुना है या हो सकता है कि आप पहली बार व्यापार करने जा रहे हैं । तो दोनों ही स्थिति में आपको अगले तीन वर्षों तक बाकी सभी चीजें भूलकर पहली प्राथमिकता अपने नए व्यापार को ही देना होगा । ताकि आप अपने नए व्यापार को अच्छे से चलाते हुए सफल व्यापारी बनकर स्वयं को साबित कर पाएं । अतः आप यह मान सकते है कि आपका नया व्यापार ही आपकी दुल्हन है, क्योंकि **"पैसा और प्यार दोनों ही चंद्रमा के जैसे चंचल होते हैं, यदि बढ़े नहीं तो अपने आप घटने लगते हैं"** ।

व्यापार की साइकिल के दो पहिए हैं अनुशासन और निरंतरता

व्यापार में सफलता के लिए आपने सही दिशा में कड़ी मेहनत करना शुरू तो कर दिया है, लेकिन अब इसके बाद व्यापार रुपी गाड़ी को लगातार सफल बनाए रखने के लिए दो महत्वपूर्ण पहियों की आवश्यकता होगी । जिसमें पहला है **"अनुशासन"** और दूसरा है **"निरंतरता"** ।

क्योंकि **"अनुशासन ही वह पुल है जो हमें सफलता तक ले जाता है और यदि निरंतरता साथ हो तो अपनी प्रतिभा को सफलता में तब्दील करने से हमें कोई नहीं रोक सकता"** ।

"अनुशासन" मतलब प्रतिदिन उन सभी कार्यों को समय पर करना जो व्यापार के लिए अति आवश्यक हैं और दूसरा यह कि उन कार्यों को करने में **"निरंतरता"** बनाए रखना होना चाहिए (नियमित रूप से उन्ही कार्यों को तब तक करते रहना जब तक की सही परिणाम ना आ जाए) ताकि आप भी सफल व्यापारी बन सकें ।

- सफलता की अग्रिम शुभकामनाएँ -

Printed by Libri Plureos GmbH in Hamburg, Germany